JN090608

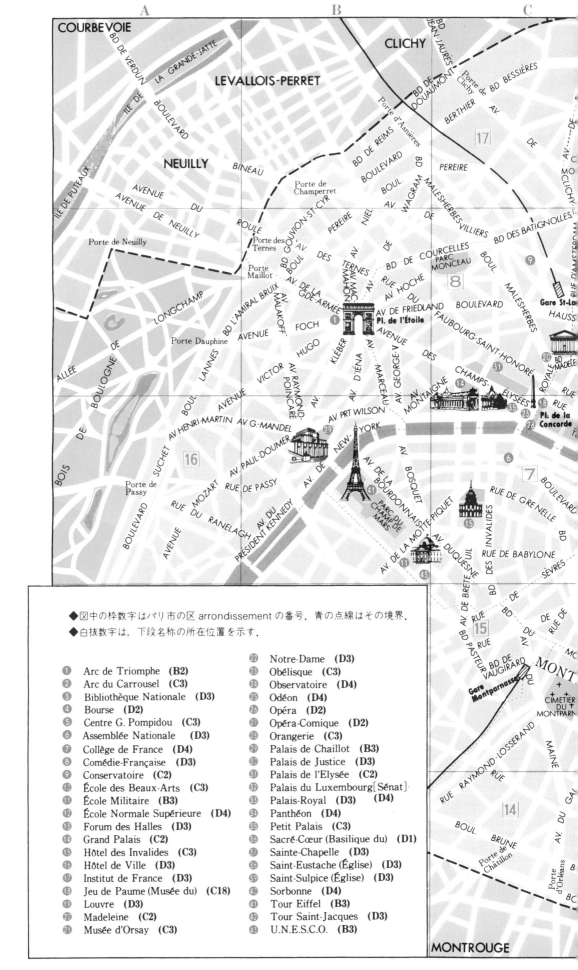

◆図中の枠数字はパリ市の区 arrondissement の番号．青の点線はその境界．

◆白抜数字は，下段名称の所在位置を示す．

① Arc de Triomphe **(B2)**
② Arc du Carrousel **(C3)**
③ Bibliothèque Nationale **(D3)**
④ Bourse **(D2)**
⑤ Centre G. Pompidou **(C3)**
⑥ Assemblée Nationale **(D3)**
⑦ Collège de France **(D4)**
⑧ Comédie-Française **(D3)**
⑨ Conservatoire **(C2)**
⑩ École des Beaux-Arts **(C3)**
⑪ École Militaire **(B3)**
⑫ École Normale Supérieure **(D4)**
⑬ Forum des Halles **(D3)**
⑭ Grand Palais **(C2)**
⑮ Hôtel des Invalides **(C3)**
⑯ Hôtel de Ville **(D3)**
⑰ Institut de France **(D3)**
⑱ Jeu de Paume (Musée du) **(C18)**
⑲ Louvre **(D3)**
⑳ Madeleine **(C2)**
㉑ Musée d'Orsay **(C3)**

㉒ Notre-Dame **(D3)**
㉓ Obélisque **(C3)**
㉔ Observatoire **(D4)**
㉕ Odéon **(D4)**
㉖ Opéra **(D2)**
㉗ Opéra-Comique **(D2)**
㉘ Orangerie **(C3)**
㉙ Palais de Chaillot **(B3)**
㉚ Palais de Justice **(D3)**
㉛ Palais de l'Elysée **(C2)**
㉜ Palais du Luxembourg[Sénat] **(D4)**
㉝ Palais-Royal **(D3)**
㉞ Panthéon **(D4)**
㉟ Petit Palais **(C3)**
㊱ Sacré-Cœur (Basilique du) **(D1)**
㊲ Sainte-Chapelle **(D3)**
㊳ Saint-Eustache (Église) **(D3)**
㊴ Saint-Sulpice (Église) **(D3)**
㊵ Sorbonne **(D4)**
㊶ Tour Eiffel **(B3)**
㊷ Tour Saint-Jacques **(D3)**
㊸ U.N.E.S.C.O. **(B3)**

En tandem!

Takenori Yogo

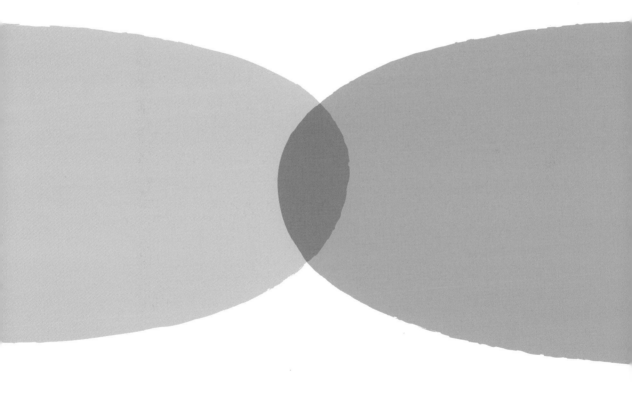

Hakusuisha

─── 音声ダウンロード ───

  この教科書の音源は白水社ホームページ（www.hakusuisha. co.jp/download/）からダウンロードすることができます（お 問い合わせ先：text@hakusuisha.co.jp）。

装幀・本文デザイン・イラスト：岡村 伊都

音声ナレーション　　　　　：Léna GIUNTA　Sylvain DETEY

はじめに

　En tandem！はフランス語で「ふたりで一緒に」「協力し合って」という意味です。この教科書では、みなさんが実践的にフランス語を学べるよう、さまざまな工夫をしています。例文と練習問題はすべて短いフレーズの会話形式で構成されており、どれを使ってもコミュニケーション練習ができます。文法的な知識を学んで問題を解きながら、近くの人とフランス語でやり取りをしてみましょう。きっとフランス語が身近に思えるはずです。音声も繰り返し聞きましょう。ときには発音が少し難しく感じられるかもしれません。そのようなときは、みなさんの先生が優しく教えてくれるはずです。覚えたことを口にして、コミュニケーションする喜びを味わってみてください。

　この教科書を通じて、みなさんに新しい世界が広がることを心から願っています。

2021年秋　著者

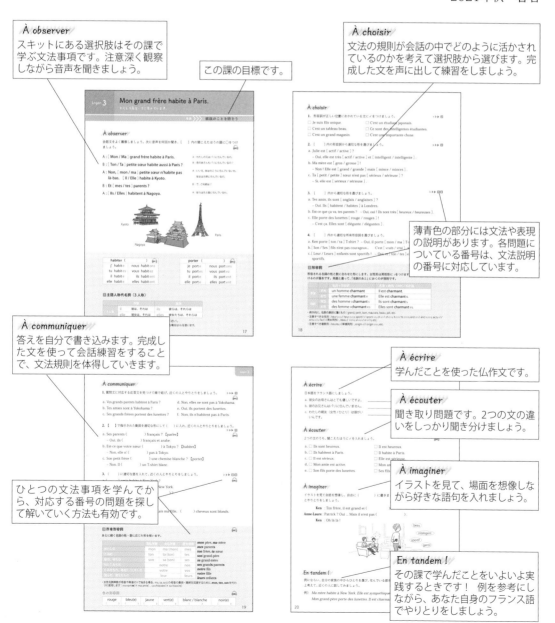

À observer
スキットにある選択肢はその課で学ぶ文法事項です。注意深く観察しながら音声を聞きましょう。

この課の目標です。

À choisir
文法の規則が会話の中でどのように活かされているのかを考えて選択肢から選びます。完成した文を声に出して練習をしましょう。

薄青色の部分には文法や表現の説明があります。各問題についている番号は、文法説明の番号に対応しています。

À communiquer
答えを自分で書き込みます。完成した文を使って会話練習をすることで、文法規則を体得していきます。

ひとつの文法事項を学んでから、対応する番号の問題を探して解いていく方法も有効です。

À écrire
学んだことを使った仏作文です。

À écouter
聞き取り問題です。2つの文の違いをしっかり聞き分けましょう。

À imaginer
イラストを見て、場面を想像しながら好きな語句を入れましょう。

En tandem！
その課で学んだことをいよいよ実践するときです！　例を参考にしながら、あなた自身のフランス語でやりとりをしましょう。

Table des matières

Salut ! Ça va ?

やぁ、元気？

音声を聞きましょう。次に音声をまねながら口を動かし、近くの人とやりとりしましょう。 🎧001

A : Salut ! Ça va ?

B : Oui, ça va. Et toi ?

A : Moi ? Ça va bien. À bientôt !

A：やぁ、元気？

B：うん、元気よ。あなたは？

A：僕？ とても元気さ。またね！

1 アルファベ 🎧002

母音字	子音字				
A	B	C	D		
E	F	G	H		
I	J	K	L	M	N
O	P	Q	R	S	T
U	V	W	X		
Y	Z				

1. 自分の名前のつづり字に○をつけましょう。

2. 発音を聞き、英語のアルファベットとほぼ同じ発音をする字を (　　　) で囲みましょう。

3. 英語とは異なる発音の字に注意しながら、繰り返し声に出しましょう。

4. 例にならって、自分の名前を近くの人に伝えてみましょう。

　　例) *Je m'appelle Asami. A, S, A, M, I.*

5. 音声を聞きとって、アルファベを書きましょう。

a. ☐☐☐☐　　b. ☐☐

c. ☐☐☐☐　　d. ☐☐☐☐☐

2 つづり字記号

 005

アクサン・テギュ	é	élève (生徒) étudiant (学生)
アクサン・グラーヴ	à, ù, è	là (そこ) mère (母)
アクサン・シルコンフレクス	â, î, û, ê, ô	tête (頭) flûte (フルート)
トレマ	ï, ü, ë	Noël (クリスマス) haïku (俳句)
セディーユ	ça, çu, ço	ça (これ) leçon (レッスン)
オ・ウ・コレ	œ	œil (目) œuf (卵)
トレ・デュニオン	-	arc-en-ciel (虹) États-Unis (アメリカ)
アポストロフ	'	l'école (学校) c'est (これは〜です)

数詞 (0-20)

006

1. 拍数 (テンポ) を意識しながらリズムよく発音してみましょう。

( ) zéro	(1) un / une	( ) deux	( ) trois	( ) quatre	( ) cinq
( ) six	( ) sept	( ) huit	( ) neuf	( ) dix	

2. 逆方向 (10→1) も発音してみましょう。 007

3. 11〜20も同じようにリズムよく発音してみましょう。 008

( ) onze	( ) douze	( ) treize	( ) quatorze	( ) quinze
( ) seize	( ) dix-sept	( ) dix-huit	( ) dix-neuf	( ) vingt

4. 音声を聞きとって、数字を書きましょう。 009

a. _____ b. _____ c. _____ d. _____ e. _____

3 つづり字と発音

010

単母音字	[a][ɑ]	tarte (タルト)	déjà (すでに)	gâteau (ケーキ)	
	[o][ɔ]	photo (写真)	rôle (役)		
	[ə]	premier (最初の)	petit (小さい)		
	[ɛ][e]	cinéma (映画)	crème (クリーム)	crêpe (クレープ)	
	[i]	midi (正午)	île (島)	stylo (ボールペン)	mystère (謎)
	[y]	musée (美術館)	sûr (確かな)		
複母音字	[ɛ]	Seine (セーヌ川)	maison (家)		
	[o]	sauce (ソース)	château (城)		
	[ø]	bleu (青い)	cœur (心)		
	[u]	amour (愛)	août (8月)	où (どこ)	
	[wa]	trois (3)	oiseau (鳥)		
母音字+m, n (鼻母音)	[õ]	onze (11)	nombre (数)		
	[ɑ̃]	France (フランス)	lampe (ランプ)	ensemble (一緒に)	
	[ɛ̃]	cinq (5)	simple (単純な)	symbole (象徴)	
		pain (パン)	peintre (画家)	faim (空腹)	

7

★下記の３つの音の違いに注目しましょう。

[u] bonjour（こんにちは）　　　[ø] deux（2）　　　[y] université（大学）

注意すべき子音字　　[ʃ]　chanson（歌）　　　chou（キャベツ）

　　　　　　　　　　[t]　thé（紅茶）　　　　thème（テーマ）

　　　　　　　　　　[ɲ]　cognac（コニャック）　Espagne（スペイン）

　　　　　　　　　　[k]　qui（誰）　　　　　question（質問）

母音字＋s＋母音字　　[z]　désert（砂漠）　　　poison（毒）

母音字＋ss＋母音字　　[s]　dessert（デザート）　poisson（魚）

4 つづり字の読みかた４原則

1. 語末の子音字（青字）は原則的に発音しません。

　　Paris（パリ）　　　chocolat（チョコレート）　　　salut（やぁ）

　　ただし、**careful** に注意。

　　avec（〜と一緒に）　bonjour（こんにちは）　chef（チーフ）　amical（好意的な）

2. 語末のe（青字）は発音しません。

　　France（フランス）　　artiste（アーティスト）　　classe（クラス）

　　ただし、アクサン記号がついている語末のeは発音します。

　　café（コーヒー）　　liberté（自由）　　égalité（平等）　　fraternité（友愛）

3. h（青字）は発音しません。

　　hexagone（六角形）　histoire（歴史）　héros（ヒーロー）

　　・フランス語のhには「無音のh」と「有音のh」の2種類があります。無音のhは母音と同じ扱いになります。

4.　英語のような二重母音はありません。

　　style（スタイル）　　titre（タイトル）　　âge（年齢）

5 リエゾン、アンシェヌマン、エリズィオン

1. リエゾン

　発音されない語末の**子音字**が、次の語の語頭の**母音**あるいは**無音のh**とつながって発音される現象です。特に-s, -xはリエゾンすると[z]の音に、-dは[t]の音になります。

　　un grand + arbre = un grand arbre（大きい木）　petit + enfant = petit enfant（小さな子供）

　　trois + ans = trois ans（3歳）　　deux + amis = deux amis（2人の友だち）

2. アンシェヌマン

　発音される語末の**子音**が、次の語の語頭の**母音**あるいは**無音のh**とつながって発音される現象です。

　　cinq + euros = cinq euros（5ユーロ）　　sept + heures = sept heures（7時）

3. エリズィオン

　je, ce, ne, le, de, si, laなどの語のあとに、語頭が**母音**あるいは**無音のh**の語がくると、語末の**母音字**を省略してアポストロフでつなぎ、1語で発音します。

　　si + il vous plaît → s'il vous plaît（お願いします）　le + ami → l'ami（友だち）

　　le + hôtel　　　→ l'hôtel（ホテル）

Bonjour. Un café, s'il vous plaît.

こんにちは。 コーヒーをひとつ、お願いします。

目標 >>> カフェで注文してみよう

À observer

会話文をよく観察しましょう。次に音声を何回か聞き、[   ]内の聞こえたほうの語に○をつけましょう。 🎧 014

A : Bonjour. [Un / Une] café, s'il vous plaît.

B : Très bien.

〔 ... 〕

B : Voilà [des / un] café.

A : Merci !

Mais, qu'est-ce que c'est, monsieur ?

B : Ah, ce sont [un / des] bonbons, madame.

A : こんにちは。コーヒーをひとつ、お願いします。

B : かしこまりました。

〔…〕

B : はい、どうぞ。

A : ありがとうございます。

で、これは何ですか？

B : ああ、これはキャンディですよ、マダム。

挨拶 🎧 015

Bonjour. (こんにちは)	Bonsoir. ( )	Au revoir. ( )	Merci (beaucoup). ( )
Pardon. ( )	Excusez-moi. ( )	Monsieur. ( )	Madame. ( )
Mademoiselle. ( )	Très bien. ( )	D'accord. ( )	S'il vous plaît. ( )

「～が欲しいのですが」と伝える表現 🎧 016

Je voudrais un chocolat.

À choisir

1. 音声を聞き、[　　]内の聞こえた語に○をつけましょう。　　▶▶▶ **1 2**

a. [un / une / des] café　　**b.** [un / une / des] bière　　**c.** [un / une / des] thé

d. [un / une / des] coca　　**e.** [un / une / des] baguette　　**f.** [un / une / des] croissant

g. [un / une / des] frite**s**　　**h.** [un / une / des] pomme　　**i.** [un / une / des] macaron**s**

2. [　　]から適切な語を選びましょう。　　▶▶▶ **1 2**

a. Voilà un [croissant / baguette].　　– Merci, madame. Au revoir.

b. Je voudrais trois [macarons / macaron].　　– D'accord.

c. Pardon. Une [thé / bière], s'il vous plaît.　　– Très bien !

3. [　　]から適切な語を選びましょう。　　▶▶▶ **3**

a. Une bière, s'il vous plaît.　　– [C'est / Voilà], monsieur !

b. Je voudrais un coca.　　– D'accord.　〔 ... 〕[Voilà / c'est] un coca.

c. Madame, qu'est-ce que c'est ?　　– [C'est / Ce sont] un jus de* pomme.

*un jus de ~ : ～のジュース

---

① 名詞の性と数

フランス語では、わたしたちがもつイメージとは無関係に、名詞に男女の性別が与えられています。複数形は原則として〈**単数形**＋ **s**〉です。ただし、このsは発音しません。

男性名詞	単数 複数	homme （　　　　） homme**s**	livre （　本　） livre**s**	étudiant （　　　　） étudiant**s**
女性名詞	単数 複数	femme （　　　　） femme**s**	chaise （　　　　） chaise**s**	étudiante （　　　　） étudiante**s**

・étudiant / étudiante のように、女性形が〈男性形＋e〉となる単語もあります。

・語末がeauの名詞の複数形は〈男性形＋x〉です（gâteau → gâteaux）。このxも発音しません。

・語末がs, xの名詞は単複同形です。

À communiquer

1. a～fの6つの文章で適切な質問文・応答文の組み合わせを3組つくり、近くの人とやりとりを
しましょう。　▶▶▶ 3

a. Pardon, qu'est-ce que c'est ?　　　**d.** Un jus de tomate ? Très bien.　019

b. Je voudrais un jus de tomate.　　　**e.** Voilà un café au lait.

c. Un café au lait, s'il vous plaît.　　　**f.** Ce sont des frites.

2. （　　）に適切な不定冠詞を入れて、近くの人とやりとりをしましょう。　▶▶▶ 2

a. Voilà (　　　　) bonbons, mademoiselle.　020

　　– Merci, mais je voudrais (　　　　) macarons...

b. Excusez-moi, (　　　　) baguette, s'il vous plaît.

　　– Très bien, madame.

c. C'est (　　　　) chocolat chaud.

　　– Pardon ? Chocolat chaud ? Qu'est-ce que c'est ?

3. （　　）に適切な提示表現を入れて、近くの人とやりとりをしましょう。　▶▶▶ 3

a. Bonsoir. Deux cafés, s'il vous plaît !　021

　　– Très bien. 〔 ... 〕 (　　　　) deux cafés, monsieur.

b. Pardon, mais qu'est-ce que c'est ? C'est un café ?

　　– Oui. (　　　　) un café noisette.

c. Bonjour ! Je voudrais des pommes, monsieur.

　　– (　　　　), mademoiselle. Au revoir !

---

2 不定冠詞　022

英語の不定冠詞と同様、ひとつひとつ数えられるものや、不特定のものであることを示すときに用いられます。名詞の性・数に合わせて使い分けます。

	不定冠詞 + 男性名詞	不定冠詞 + 女性名詞
単数	un　garçon	une　fille
複数	des　garçons	des　filles

・不定冠詞複数形のdesは、具体的な数はわからない（または重要ではない）が、とにかく複数（2以上）であることを示す場合に使われます。もし「数」が重要な情報であれば**deux** garçonsや**trois** fillesのように、具体的な数字を使います。

3 提示表現：c'est / ce sont と voilà　023

c'est　+ 単数名詞 ce sont + 複数名詞	これは～です。	**C'est** un melon. **Ce sont** des raisins.
Qu'est-ce que c'est ?「これは何ですか？」		*Qu'est-ce que c'est ?* – *C'est une* mandarine.
voilà　+ 単数・複数名詞	ほら / はい、～です。	**Voilà** des bananes.

11

À écrire

フランス語にしましょう。

a. はい、カフェオレです。　＿＿＿＿＿＿＿＿＿＿＿＿＿＿＿＿＿＿＿

b. これはフライドポテトですよ。　＿＿＿＿＿＿＿＿＿＿＿＿＿＿＿＿＿

c. 紅茶を1杯、お願いします。　＿＿＿＿＿＿＿＿＿＿＿＿＿＿＿＿＿

À écouter

2つの文のうち、聞こえたほうに✓をつけましょう。　（024）

a. ☐ Voilà des macarons.　　　　　☐ Voilà deux macarons.

b. ☐ C'est un garçon.　　　　　　☐ Ce sont des garçons.

c. ☐ C'est un homme.　　　　　　☐ C'est une femme.

d. ☐ Bonjour, madame !　　　　　☐ Bonsoir, madame !

e. ☐ Je voudrais une baguette.　　☐ Je voudrais des baguettes.

À imaginer

イラストを見て会話を想像し、自由に（　　　　　　）に書きましょう。できあがったら、近くの人とやりとりをしましょう。

Ryota : Bonjour, madame. Je voudrais (　　　　　　　　　).

Vendeuse : Très bien. Voilà (　　　　　　　　).

Ryota : Merci. Au revoir !

En tandem !

例を参考にして自由に文をつくり、近くの人とやりとりしましょう。　（025）

例）**A** : *Bonsoir, monsieur. Une bière, s'il vous plaît.*

　　B : *D'accord. Voilà une bière.*

　　A : *Merci beaucoup.*

Leçon 2

Je suis étudiant.

わたしは学生です。

目標 >>> 自分のことについて話してみよう

À observer

会話文をよく観察しましょう。次に音声を何回か聞き、[　　　] 内の聞こえたほうの語に○をつけましょう。 026

A : [Je suis / Tu es] japonais ?

A : あなたは日本人なの？

B : Oui, [nous sommes / je suis] japonais.

B : うん、日本人だよ。

A : Est-ce que [vous êtes / tu es] salarié ?

A : 会社員なの？

B : Non, [je suis / je ne suis pas] salarié.

B : ううん、違うよ。

　　 [Je suis / Je ne suis pas] étudiant.

　　 学生なんだ。

A : [Tu parles / Vous parlez] bien français !

A : フランス語がうまいわね！

B : C'est vrai ? Merci !

B : 本当？　ありがとう！

être （　　　　） 027	
je suis	nous sommes
tu es	vous êtes
il est	ils sont
elle est	elles sont

être の否定形 028			
je ne suis pas	nous ne sommes pas
tu n' es pas	vous n' êtes pas
il n' est pas	ils ne sont pas
elle n' est pas	elles ne sont pas

・フランス語では主語に応じて動詞が活用します。
・être は英語の be 動詞にあたる重要な動詞です。
・否定形については p.15 参照。

parler （　　　　） 029	
je parle	nous parlons
tu parles	vous parlez
il parle	ils parlent
elle parle	elles parlent

・parler のように語尾が -er の動詞を「-er動詞（第1群規則動詞）」といいます。フランス語の動詞の多くがこの型で、規則的な活用をします。

1 主語人称代名詞（1人称・2人称）

	単数		複数	
1人称	je (j')	わたしは	nous	わたしたちは
2人称	tu	きみは	vous	きみたちは、あなたは、あなたたちは

・2人称は、親しい間柄（家族・友人など）では tu, 初対面の人や目上の人には vous を使います。複数はともに vous です。
・je は、次の語の語頭が母音または無音の h のとき、エリズィオン（p.8）して j' となります。

13

À choisir

1. [   ] 内から適切な主語人称代名詞を選びましょう。 ▶▶▶ **1**

a. [Je / Tu] es professeur ?   – Oui, [je / tu] suis professeur.

b. [Tu / Vous] êtes vendeuses ?   – Oui, [je / nous] sommes vendeuses.

c. [Vous / Tu] parles allemand ?   – Oui, [je / tu] parle allemand.

2. [   ] から適切なほうを選びましょう。 ▶▶▶ **1**

a. Est-ce que vous êtes étudiante ?   – Oui, je suis [étudiantes / étudiante] .

b. Êtes-vous salariés ? – Oui, nous sommes [salariés / salariées] .

c. Nous sommes [française / français] .   – C'est vrai ?

3. [   ] から適切なものを選び、否定文にしましょう。 ▶▶▶ **2**

a. Tu es informaticienne ?

   – Non, je [ne / n' / pas] suis [ne / n' / pas] informaticienne.

b. Vous ne parlez pas espagnol ?

   – Non, je [ne / n' / pas] parle [ne / n' / pas] espagnol.

c. Tu [ne / n' / pas] es [ne / n' / pas] fonctionnaire ?

   – Non ! Je suis homme au foyer !

4. « Oui, je suis pâtissière. » という応答文に適した疑問文すべてに✓を入れましょう。 ▶▶▶ **3**

☐ Vous êtes pâtissier ?   ☐ Êtes-vous pâtissière ?

☐ Est-ce que vous êtes pâtissière ?   ☐ Vous êtes pâtissière ?

☐ Êtes-vous pâtissières ?   ☐ Est-ce que je suis pâtissière ?

国名、国籍、言語 🎧030

国名	Japon	France	Angleterre	États-Unis	Russie
国籍	japonais(e)	français(e)	anglais(e)	américain(e)	russe
言語	japonais	français	anglais	anglais	russe

国名	Allemagne	Algérie	Maroc	Chine	Espagne
国籍	allemand(e)	algérien(ne)	marocain(e)	chinois(e)	espagnol(e)
言語	allemand	arabe	arabe	chinois	espagnol

職業 🎧031

pâtissier pâtissière	cuisinier cuisinière	serveur serveuse	vendeur vendeuse	salarié(e) / employé(e)
( )	( )	( )	( )	( )
fonctionnaire	médecin	ingénieur ingénieure	informaticien informaticienne	homme au foyer femme au foyer
( )	( )	( )	( )	( )

À communiquer

1. a～fの6つの文章で適切な質問文・応答文の組み合わせを3組つくり、近くの人とやりとりを
しましょう。　　　　　　　　　　　　　　　　　　　　　　　　　▶▶▶ **3** **4**

(032)

a. Vous n'êtes pas cuisiniers ?

b. Tu n'es pas ingénieur ?

c. Êtes-vous marocains ?

d. Non, nous ne sommes pas marocains.

e. Si, nous sommes cuisiniers.

f. Non, je ne suis pas ingénieur.

2. (　　　) に適切な語を入れて、近くの人とやりとりをしましょう。　　▶▶▶ **1** **2** **3**

(033)

a. Jean-Luc, êtes-vous médecin ?

　– Non, je (　　) suis (　　) médecin. Je suis informaticien.

b. Madame, (　　　　　) vous parlez arabe ?

　– Oui, je parle arabe. Je suis algérienne.

c. (　　　　　) parles bien français !

　– Non ! (　　　) ne parle pas bien français.

3. 指示に従って (　　　) に適切な語を自由に入れ、近くの人とやりとりをしましょう。
　　　　　　　　　　　　　　　　　　　　　　　　　　　　　　　　▶▶▶ **4**

(034)

a. Vous ne parlez pas (　　　　　　)? [言語]

　– Si, nous parlons (　　　　　).

b. Es-tu (　　　　　)?　– Non, je ne suis pas (　　　　　). [国籍]

c. Est-ce que vous êtes (　　　　　)? [職業・身分]

　– Non, je ne suis pas (　　　　　).

---

2 否定文

(035)

動詞を **ne (n')** と **pas** ではさみます。

Je suis étudiant.　　→ Je **ne** suis **pas** étudiant.
Je parle anglais.　　→ Je **ne** parle **pas** anglais.

・neは次の語の語頭が母音または無音のhのとき、エリズィオン(p.8) してn'となります。

3 疑問文

(036)

① Tu es française ?　（肯定文のまま、文の末尾をあげる）
② **Est-ce que** tu es française ?　（肯定文のまま、文頭に Est-ce que をつける）
③ **Es-tu** française ?　（主語と動詞の語順を倒置して、トレ・デュニオンでつなぐ）

・②の形は簡単な上に、丁寧な表現となります。

4 疑問文に対する答えかた

(037)

Tu es médecin ?　　　– **Oui**, je suis médecin.
　　　　　　　　　　– **Non**, je **ne** suis **pas** médecin.

Tu **n'**es **pas** médecin ?　– **Si** (Oui)，je suis médecin.
　　　　　　　　　　　　– **Non**, je **ne** suis **pas** médecin.

À écrire

日本語をフランス語にしましょう。

a. わたし（女性）はエンジニアです。 _____

b. あなたは英語がお上手ですね！ _____

c. あなたがたはロシア人ですか？ _____

À écouter

2つの文のうち、聞こえたほうに✓をつけましょう。 🎧(038)

a. ☐ Nous sommes étudiantes.   ☐ Nous sommes étudiants.

b. ☐ Je suis pâtissière.   ☐ Je suis pâtissier.

c. ☐ Est-ce que vous êtes américains ?   ☐ Est-ce que vous êtes américaines ?

d. ☐ Tu es marocain ?   ☐ Tu es marocaine ?

e. ☐ Vous êtes serveurs ?   ☐ Vous êtes serveuses ?

À imaginer

イラストを見て2人の職業を想像し、自由に（   ）に書きましょう。できあがったら、近く
の人とやりとりをしましょう。

Kyoko : Bonjour, Je m'appelle Kyoko, enchantée*.   ＊enchanté(e)：はじめまして
      Je suis (   ).

Julien : Enchanté. Je m'appelle Julien.
      Je suis (   )!

En tandem !

例を参考にして、職業（身分）、国籍、話す言語について、近くの人と話してみましょう。ただし、
質問をするとき、相手には「Non を言わせて訂正させる」ような質問してみてください。 🎧(039)

例）**A** : *Est-ce que tu es française ?*

     B : *Non, je ne suis pas française. Je suis marocaine.*

     A : *Tu parles espagnol ?*

     B : *Non, je ne parle pas espagnol. Je parle japonais.*

Mon grand frère habite à Paris.

わたしの兄はパリに住んでいます。

目標 >>> 家族のことを話そう

À observer

会話文をよく観察しましょう。次に音声を何回か聞き、[　]内の聞こえたほうの語に○をつけましょう。　🎧040

A : [Mon / Ma] grand frère habite à Paris.

B : [Ton / Ta] petite sœur habite aussi à Paris ?

A : Non, [mon / ma] petite sœur n'habite pas là-bas. [Il / Elle] habite à Kyoto.

B : Et [mes / tes] parents ?

A : [Ils / Elles] habitent à Nagoya.

A : わたしの兄はパリに住んでいるの。

B : 君の妹さんもパリに住んでいるの？

A : いいえ、妹は向こうに住んでいないわ。
　　彼女は京都に住んでいるの。

B : で、ご両親は？

A : 彼らは名古屋に住んでいるわ。

Kyoto

Nagoya

Paris

habiter (　　　　　) 🎧041	
j' habite	nous habitons
tu habites	vous habitez
il habite	ils habitent
elle habite	elles habitent

porter (　　　　　) 🎧042	
je porte	nous portons
tu portes	vous portez
il porte	ils portent
elle porte	elles portent

1 主語人称代名詞（3人称）

		単数		複数
3人称	il	彼は、それは	ils	彼らは、それらは
	elle	彼女は、それは	elles	彼女たちは、それらは

・3人称は人だけでなく、ものにも使います（英語の it や they に近い）。
・elles は全員女性の場合のみ使います。ひとりでも男性がいる場合は ils を使います。

À choisir

1. 形容詞が正しい位置におかれている文に✓をつけましょう。　▶▶▶ **2**

☐ Je suis fils unique. ☐ C'est un étudiant japonais.

☐ C'est un tableau beau. ☐ Ce sont des intelligentes étudiantes.

☐ C'est un grand magasin. ☐ C'est une importante chose.

2. [　] 内の形容詞から適切な形を選びましょう。　▶▶▶ **2**

a. Julie est [actif / active] ?

　　– Oui, elle est très [actif / active] et [intelligent / intelligente] .

b. Ma mère est [gros / grosse] !

　　– Non ! Elle est [grand / grande] mais [mince / minces] .

c. Ta [petit / petite] sœur n'est pas [sérieux / sérieuse] ?

　　– Si, elle est [sérieux / sérieuse] .

3. [　] 内から適切な形を選びましょう。　▶▶▶ **1 2**

a. Tes amis, ils sont [anglais / anglaises] ?

　　– Oui. Ils [habitent / habites] à Londres.

b. Est-ce que ça va, tes parents ?　– Oui, oui ! Ils sont très [heureux / heureuses] .

c. Elle porte des lunettes [rouge / rouges] !

　　– C'est ça. Elles sont [élégante / élégantes] .

4. [　] 内から適切な所有形容詞を選びましょう。　▶▶▶ **3**

a. Ken porte [ton / ta] T-shirt ?　– Oui, il porte [mon / ma] T-shirt blanc.

b. [Son / Ses] fils n'est pas courageux...　– C'est [vrais / vrai] , mais il est gentil.

c. [Leur / Leurs] enfants sont sportifs !　– Oui, et [ton / tes] enfants sont aussi sportifs.

2 形容詞

(043)

形容される名詞の性と数に合わせた形にします。女性形は男性形に e をつけます。複数形は単数形に s をつけるのが基本です。英語と違って、「名詞のあと」におくのが原則です。

		名詞 + 形容詞	主語 + 動詞（être）+ 形容詞
単数	男性	un homme **charmant**	Il est **charmant**.
	女性	une femme **charmante**	Elle est **charmante**.
複数	男性	des homme**s** **charmants**	Ils sont **charmants**.
	女性	des femme**s** **charmantes**	Elles sont **charmantes**.

- 例外的に、名詞の直前に置くもの：grand, petit, bon, mauvais, beau, joli, etc.
- 注意すべき女性形：heureux / heureuse, sportif / sportive, cher / chère, bon / bonne, ancien / ancienne, actuel / actuelle, facile（男女同形）, beau / belle, vieux / vieille, etc.
- 注意すべき複数形：heureux（単複同形）, original / originaux, etc.

À communiquer

1. 質問文に対応する応答文を見つけて線で結び、近くの人とやりとりをしましょう。　▶▶▶ **1**

(044)

a. Vos grands-parents habitent à Paris ?

d. Non, elles ne sont pas à Yokohama.

b. Tes amies sont à Yokohama ?

e. Oui, ils portent des lunettes.

c. Ses grands frères portent des lunettes ?

f. Non, ils n'habitent pas à Paris.

2. 【　】で指示された動詞を適切な形にして（　）に入れ、近くの人とやりとりをしましょう。

▶▶▶ **1**

(045)

a. Ses parents (　　　　　) français ? 【parler】

　– Oui, ils (　　　　) français et arabe.

b. Est-ce que votre sœur (　　　　) à Tokyo ? 【habiter】

　– Non, elle n' (　　　　) pas à Tokyo.

c. Son petit frère (　　　　) une chemise blanche ? 【porter】

　– Non. Il (　　　　) un T-shirt blanc.

3. (　　　) に適切な語を入れて、近くの人とやりとりをしましょう。　▶▶▶ **2 3**

(046)

a. (　　　　) amie habite à New York ?

　– Mon amie ? Oui ! Elle habite à New York.

b. Vos sœurs ne sont pas (　　　　　　) ?

　– Si, elles sont très gentilles.

c. (　　　) cheveux sont noirs ?

　– Oui, mes cheveux sont noirs. Mais ma fille, (　　　　) cheveux sont blonds.

---

3 所有形容詞

あとに続く名詞の性・数に応じた形を使います。

	男性単数	女性単数	男女複数
わたしの	mon	ma (mon)	mes
きみの	ton	ta (ton)	tes
彼の、彼女の	son	sa (son)	ses
わたしたちの	notre		nos
きみたちの、あなた（たち）の	votre		vos
彼らの、彼女たちの	leur		leurs

mon père, ***ma*** mère
mes parent**s**
ton frère, ***ta*** sœur
son grand-père
sa grand-mère
ses grand**s**-parent**s**
notre fils
votre fille
leurs enfant**s**

・女性名詞単数が母音や無音のhで始まる場合、ma, ta, saとの母音の衝突・連続を回避するために、**mon, ton, son** を代わりに使用します：**mon** ami**e**（× ma amie）, **son** histoire（× sa histoire）

色の形容詞

rouge	bleu(e)	jaune	vert(e)	blanc / blanche	noir(e)
(　　　)	(　　　)	(　　　)	(　　　)	(　　　)	(　　　)

À écrire

日本語をフランス語にしましょう。

a. 彼女のお母さんはとても優しいですよ。　＿＿＿＿＿＿＿＿＿＿＿＿＿

b. 彼のお兄さんはパリに住んでいません。　＿＿＿＿＿＿＿＿＿＿＿＿＿

c. わたしの親友（女性／ひとり）は頭がい　＿＿＿＿＿＿＿＿＿＿＿＿＿
   いんです。

À écouter

2つの文のうち、聞こえたほうに✓を入れましょう。　🎧049

a. ☐ Ils sont heureux.　　　　　　☐ Il est heureux.

b. ☐ Ils habitent à Paris.　　　　☐ Il habite à Paris.

c. ☐ Il est sérieux.　　　　　　　☐ Elle est sérieuse.

d. ☐ Mon amie est active.　　　　☐ Mon ami est actif.

e. ☐ Son fils porte des lunettes.　☐ Ses fils portent des lunettes.

À imaginer

イラストを見て会話を想像し、自由に（　　　　　　　）に書きましょう。できあがったら、近くの人
とやりとりをしましょう。

　　　Ken : Ton frère, il est grand et (　　　　　　) !

Anne-Laure : Patrick ? Oui ... Mais il n'est pas (　　　　　　).

　　　Ken : Oh là là !

beau

intelligent

sportif

gentil

sérieux

En tandem !

例にならい、自分の家族の中からひとりを選び、住んでいる都市、外見的な特徴、性格などを2つ以
上考えて、近くの人に話してみましょう。　🎧050

例） *Ma mère habite à New York. Elle est sympathique.*

　　Mon grand-père porte des lunettes. Il est charmant.

J'aime beaucoup le cinéma !

映画が大好きなんです！

目標 >>> 趣味や好きなことについてやりとりしよう

À observer

会話文をよく観察しましょう。次に音声を何回か聞き、[ ] 内の聞こえたほうの語に○をつ
けましょう。

(051)

A : Vous [regardes / regardez] toujours des
DVD, mais pourquoi ?

A：あなたはいつも DVD を見ていますが、なぜ
ですか？

B : Parce que [j'aime / je n'aime pas] beaucoup
le cinéma !

B：映画が大好きだからですよ！

A : Mais, vous [aimez / préférez] le foot, non ?

A：でも、サッカーのほうがお好きですよね？

B : Pas du tout ! [J'aime / Je n'aime pas]
beaucoup le sport...

B：全然！ スポーツはあまり好きじゃないん
です…。

aimer （ 〜が好きである ） (052)	
j' aime	nous aimons
tu aimes	vous aimez
il aime	ils aiment
elle aime	elles aiment

regarder （ ） (053)	
je regarde	nous regardons
tu regardes	vous regardez
il regarde	ils regardent
elle regarde	elles regardent

préférer （ ） (054)	
je préfère	nous préférons
tu préfères	vous préférez
il préfère	ils préfèrent
elle préfère	elles préfèrent

manger （ ） (055)	
je mange	nous mangeons
tu manges	vous mangez
il mange	ils mangent
elle mange	elles mangent

- -er 型動詞の活用語尾は、je, tu, il, elle, ils, elles は［読まない］、nous は［オン］、vous は［エ］です。-er 型動詞の活用語尾
  の発音はこの 3 種類しかありません。
- préférer, manger は -er 型動詞の変則型です。

「どうして」を尋ねる / 答える表現：Pourquoi と Parce que

Pourquoi tu aimes les Japonais ? – **Parce qu'**ils sont très gentils.

好き嫌いの程度を伝える表現

J'aime **beaucoup** > J'aime

      > Je **n'**aime **pas** > Je **n'**aime **pas beaucoup** > Je **n'**aime **pas du tout**

À choisir

1. [　　] 内から適切な定冠詞を選びましょう。　　▶▶▶

a. Vous aimez [le / la / les / l'] chats ?

　　– Non. J'aime [le / la / les / l'] chiens.

b. Tu aimes [le / la / les / l'] danse ?

　　– Non, pas beaucoup. Je préfère [le / la / les / l'] foot.

c. Vous étudiez [le / la / les / l'] japonais ?

　　– Oui ! J'étudie aussi [le / la / les / l'] anglais.

2. [　　] 内から適切な強勢形を選びましょう。　　▶▶▶

a. Tu préfères le théâtre ou le cinéma ?　– [Moi / Toi], je préfère le cinéma.

b. Il joue à des jeux vidéo avec toi ?

　　– Oui, il joue à des jeux vidéo avec [moi / lui].

c. Mes frères écoutent toujours la radio !

　　– C'est vrai ? Mais, [vous / eux] aussi, non ?

3. 〈aimer ＋動詞の原形〉で「～することが好き」と言うことができます。これをふまえて、[　　] 内から適切なものを選びましょう。

a. Tu aimes [rester / restes] à la maison ?

　　– Oui ! J'aime [lire / lecture] des mangas chez* moi.　　＊chez～：～の家で

b. J'aime [surfer / surfe] sur Internet. Et vous ?

　　– Moi, non. J'aime [joue / jouer] du piano.

c. Ma sœur aime [regarder / aller] à des concerts.

　　– Moi aussi ! Est-ce qu'elle aime la musique classique ?

趣味　　🎧 058

la musique	la télé	le cinéma	le sport	les voyages
(　　　　)	(　　　　)	(　　　　)	(　　　　)	(　　　　)
la lecture	la danse	la peinture	le théâtre	le foot
(　　　　)	(　　　　)	(　　　　)	(　　　　)	(　　　　)

🎧 059

surfer sur Internet	regarder des DVD	rester à la maison	aller à des concerts
(　　　　)	(　　　　)	(　　　　)	(　　　　)
jouer à des jeux vidéo	écouter la radio	lire des mangas	jouer du piano
(　　　　)	(　　　　)	(　　　　)	(　　　　)

À communiquer

1. 質問文に対応する応答文を見つけて線で結び、近くの人とやりとりをしましょう。　(060)

a. Vous aimez manger des sushis ?

d. Parce que nous aimons le poisson.

b. Pourquoi vous mangez des sushis ?

e. Oui, nous mangeons des sushis.

c. Vous mangez des sushis ?

f. Non, je n'aime pas manger des sushis.

2. （　　）に適切な語を入れて、近くの人とやりとりをしましょう。　▶▶▶ **1 2**

a. Elle aime (　　　　) musique ?　– Oui ! Elle aime aussi (　　　　) théâtre.　(061)

b. J'aime beaucoup (　　　　) sport ! Et toi ?

　– (　　　　), j'aime beaucoup (　　　　) peinture.

c. Vous aimez jouer à des jeux vidéo avec votre petite sœur ?

　– Non, je n'aime pas du tout jouer à des jeux vidéo avec (　　　　).

3. 指示された動詞を適切な形にして（　　）に入れ、近くの人とやりとりをしましょう。　(062)

a. Léa et Marco (　　　　) des DVD chez eux ? ［regarder］

　– Oui, ils (　　　　) des DVD chez eux.

b. Maintenant, vous (　　　　) avec votre professeur ? ［manger］

　– Oui, nous (　　　　) maintenant avec lui.

c. Tu (　　　　) à des jeux vidéo ? ［jouer］

　– Non, je ne (　　　　) pas à des jeux vidéo.

1 定冠詞　(063)

英語の定冠詞と同様、特定されたものを表すとき、分野を総称するとき、唯一のものを表すときに使います。名詞の性・数に合わせて使い分けをします。

		定冠詞 + 男性名詞	定冠詞 + 女性名詞
単数	語頭が子音の名詞	le musée	la maison
	語頭が母音の名詞	l'hôtel	l'université
複数		les appartement**s**	

＊後ろの単数名詞が母音や無音のhで始まる場合、le, laでは母音が衝突・連続するので、回避するためエリズィオン(l')します。（× le hôtel　× la université）

2 強勢形の人称代名詞　(064)

主語を強調するとき、c'estのあと、前置詞のあとで使います。

主語	je	tu	il	elle	nous	vous	ils	elles
強勢形	moi	toi	lui	elle	nous	vous	eux	elles

À écrire

日本語をフランス語にしましょう。

a. わたしは旅行がとても好きなんです。　＿＿＿＿＿＿＿＿＿＿＿＿＿＿

b. なぜ君はネットをするのがあまり好きじゃな＿＿＿＿＿＿＿＿＿＿＿＿＿＿
いの？

＿＿＿＿＿＿＿＿＿＿＿＿＿＿

c. わたしの姉はスポーツが全然好きではない。＿＿＿＿＿＿＿＿＿＿＿＿＿＿

À écouter

2つの文のうち、聞こえたほうに✓を入れましょう。　🎧 065

a. ☐ Tu joues à des jeux vidéo ?   ☐ Tu aimes jouer à des jeux vidéo ?

b. ☐ Tu surfes maintenant sur Internet !   ☐ Tu surfes toujours sur Internet !

c. ☐ Il aime regarder des DVD.   ☐ Ils aiment regarder des DVD.

d. ☐ Son père reste à la maison.   ☐ Son père ne reste pas à la maison.

e. ☐ Elle aime aller à des concerts.   ☐ Elles aiment aller à des concerts.

À imaginer

イラストを見て会話を想像し、自由に（　　　　　　　　）に書きましょう。できあがったら、近くの人
とやりとりをしましょう。

Emily : Pourquoi tu étudies toujours le français ?

Alex : Parce que j'aime beaucoup (　　　　　　　) français(e).

Emily : C'est vrai ?

Moi, je préfère (　　　　　　).

cinéma　　peinture　　musique

En tandem !

例にならい、近くの人にいくつか質問して、趣味や好きなことを当ててみましょう。　🎧 066

例) *Tu aimes étudier ?*   – *Non, je n'aime pas du tout étudier.*

     Tu aimes le sport?   – *Non, je n'aime pas beaucoup le sport.*

     Tu aimes écouter la radio ?   – *Oui ! J'aime beaucoup écouter la radio.*

Vous avez votre carte d'étudiant ?

学生証をお持ちですか？

目標 >>> 年齢や持ち物について言ってみよう

À observer

会話文をよく観察しましょう。次に音声を何回か聞き、[　]内の聞こえたほうの語に○をつけましょう。 (067)

A : La carte, s'il vous plaît.

B : [Une / Quelle] carte ?

A : Vous [avez / avons] votre carte d'étudiant ?

B : Non... Je suis vraiment désolé.

A : Pas de problème. [Est-ce que / Quel] est votre nom ?

B : Je m'appelle Taro Aoyama.

A : カードをお願いします（見せてください）。

B : 何のカードですか？

A : 学生証をお持ちですか？

B : いえ…　本当にすみません。

A : 問題ないですよ。お名前は（何ですか）？

B : アオヤマ タロウといいます。

avoir (　　　　) (068)	
j' ai	nous avons
tu as	vous avez
il a	ils ont
elle a	elles ont

avoirの否定形 (069)			
je n' ai pas		nous n' avons pas	
tu n' as pas		vous n' avez pas	
il n' a pas		ils n' ont pas	
elle n' a pas		elles n' ont pas	

・avoirは英語のhaveにあたる重要な動詞です。

体調を伝える表現 (070)

J'*ai chaud*.　　　Nous *avons* très *froid*...

Il *a faim*.　　　Elle *a soif*.　　　Vous *avez sommeil* ?

年齢を伝える表現 (071)

英語と違い、動詞avoirを用います。年齢は〈**数詞**＋**-ans**（～歳）〉です。　＊quel âgeについてはp.27参照。

Tu *as quel âge* ?　– J'ai 19 **ans**.（× Je ~~suis~~ 19 ans.）

Quel âge avez-vous ?　– Nous *avons* 18 ans.

À choisir

1. [　　] 内から avoir の適切な活用形を選びましょう。

a. Tu n' [ai / as / a] pas faim ?　− Si, j' [a / ont / ai] faim.

b. Vous [as / avons / avez] chaud ?

　− Non, nous n' [ai / avons / as] pas chaud.

c. Elle [ont / avez / a] froid ?

　− Peut-être. Parce qu'elle n' [ai / a / ont] pas de manteau.

2. [　　] 内から疑問形容詞 quel の適切な形を選びましょう。　▶▶▶ **1**

a. Vous avez [quel / quelle / quels / quelles] âge ?　− J'ai 21 ans.

b. [Quel / Quelle / Quels / Quelles] est ta nationalité ?　− Je suis japonaise.

c. Nous sommes [quel / quelle / quels / quelles] jour ?

　− Nous sommes vendredi.

3. 正しい応答文に ✓ を入れましょう。　▶▶▶ **2**

a. Est-ce que vous avez des chiens ?

　□ − Non, je n'ai pas des chiens.　□ − Non, je n'ai pas de chiens.

b. Est-ce que vous aimez les chiens ?

　□ − Non, je n'aime pas les chiens.　□ − Non, je n'aime pas de chiens.

4. [　　] 内から適切な冠詞を選びましょう。否定文に注意してください。　▶▶▶ **2 3**

a. Il aime chanter [une / des / de] vieilles chansons. – Formidable !

b. Ce sont [un / des / de] beaux tableaux !

　− Évidemment ! Ce sont des tableaux de Renoir.

c. Tu as [une / des / de] cours le lundi ?

　− Le lundi ? Non, je n'ai pas [une / des / de] cours.

数詞（20–69）　🎧 (072)

( ) vingt	( ) vingt et un	( ) vingt-deux	(26) vingt-six
( ) trente	(31) trente et un	( ) trente-quatre	(38) trente-huit
( ) quarante	( ) quarante et un	(45) quarante-cinq	( ) quarante-sept
( ) cinquante	(51) cinquante et un	( ) cinquante-huit	( ) cinquante-neuf
(60) soixante	(61) soixante et un	( ) soixante-cinq	( ) soixante-sept

曜日　・定冠詞の le をつけると「～曜日はいつも」のニュアンスが出ます。　🎧 (073)

lundi	mardi	mercredi	jeudi	vendredi	samedi	dimanche
(月曜日)	( )	( )	( )	( )	(土曜日)	( )

À communiquer

1. 質問文に対応する応答文を見つけて線で結び、近くの人とやりとりをしましょう。　▶▶▶ **1 2 3**

(074)

a. Votre père, il a quel âge ?

b. Tu as un portable ?

c. Elle a de belles fleurs ?

d. Non, je n'ai pas de portable, maintenant.

e. Il a 41 ans.

f. Oui ! Ce sont de belles roses.

2. (　　　) に適切な疑問形容詞を入れて、近くの人とやりとりをしましょう。　▶▶▶ **1**

a. Vous avez (　　　　　　) cours le lundi ? – Le lundi ? J'ai deux cours de français. (075)

b. (　　　　　　　) est sa profession ? – Il est ingénieur système.

c. Tu parles (　　　　　　) langues ?　– Je parle français et anglais.

3. (　　　　) に avoir の適切な活用形を入れ、近くの人とやりとりをしましょう。

a. Monsieur, vous (　　　　　) sommeil ? (076)

　– Non, je n' (　　　　　) pas sommeil, maintenant.

b. Mes parents n' (　　　　) pas de voiture.

　– Ce n'est pas pratique ! Mais, toi, tu (　　　　　　) une voiture ?

c. Vous (　　　　　) des cours le mercredi ?

　– Non, nous n' (　　　　　) pas de cours le mercredi.

---

1 疑問形容詞

 (077)

「どんな～」「何の～」とたずねる疑問詞です。たずねる対象の性と数によって使い分けます。「～は何ですか」では être を使います。

	疑問形容詞 + 男性名詞	疑問形容詞 + 女性名詞
単数	**quel** âge	**quelle** profession
複数	**quels** cours	**quelles** langues

　　Quel âge avez-vous ?　　　*Quelle* est votre profession ?

2 否定の de

否定文にするとゼロ（0人、0個など）になってしまう場合、不定冠詞 (un, une, des) や数詞の代わりに de, d' を使います。

　　J'ai un portable. → Je ***n'***ai ***pas de*** portable.　　　J'ai deux sœurs. → Je ***n'***ai ***pas de*** sœurs.

cf. J'aime les chats. → Je ***n'***aime ***pas*** <u>les</u> chats.　　*cf.* C'est un stylo. → Ce n'est pas <u>un</u> stylo.

3 形容詞の前の不定冠詞 des → de

　　　des bonne**s** chansons → *de* bonne**s** chansons

cf. <u>une</u> bonne chanson,　<u>une</u> chanson populaire,　<u>des</u> chansons populaires

À écrire

日本語をフランス語にしましょう。

a. あなたのご職業は何ですか？　　　——————————————————

b. わたしたちは猫を飼っていません。　——————————————————

c. わたしは今は喉が渇いていません。　——————————————————

————————————————————————

À écouter

2つの文のうち、聞こえたほうに✓を入れましょう。　　　　　　　　　　　　（078）

a. ☐ J'ai 39 ans.   ☐ J'ai 49 ans.

b. ☐ Vous avez 61 ans ?   ☐ Vous avez 51 ans ?

c. ☐ Ma mère a 40 ans.   ☐ Ma mère a 41 ans.

d. ☐ Ses parents ont 32 ans.   ☐ Ses parents ont 52 ans.

e. ☐ Votre frère a 21 ans.   ☐ Votre frère a 25 ans.

À imaginer

イラストを見て会話を想像し、自由に（　　　　　　　）に書きましょう。できあがったら、近くの人
とやりとりをしましょう。

Contrôleur : Bonjour, madame. Quel est votre nom ?

Christine : Je m'appelle Christine Tanaka.

Contrôleur : Quel âge avez-vous ?

Christine : （　　　　　　　　　　）.

Contrôleur : Quelle est votre profession ?

Christine : （　　　　　　　　　　）.

En tandem !

あなたは何曜日に授業がありますか？　例にならい、近くの人と質問しあってみましょう。（079）

例）*Tu as des cours (le) mardi ?*

    – Oui. J'ai trois cours (le) mardi. Et toi, tu as des cours (le) samedi ?

    – Non, je n'ai pas de cours (le) samedi.

Je vais au musée du Louvre à vélo.

自転車でルーヴル美術館に行くんだよ。

目標 >>> 交通手段や行き先を伝えよう

À observer

会話文をよく観察しましょう。次に音声を何回か聞き、[　]内の聞こえたほうの語に○をつけましょう。 (080)

A : Tu [vais / vas] où ?

B : Je [vais / vas] au musée [de / du] Louvre à vélo.

A : Vraiment ? C'est un peu loin d'ici. Tu [prends / prenez] le métro !

A : どこに行くの？

B : 自転車でルーヴル美術館に行くの。

A : 本当？　ここからちょっと遠いよ。 地下鉄で行きなよ！

en train

en bus

 (081)
en voiture

à moto / en moto

à vélo / en vélo

à pied

aller (	) (082)
je vais	nous allons
tu vas	vous allez
il va	ils vont
elle va	elles vont

venir (	) (083)
je viens	nous venons
tu viens	vous venez
il vient	ils viennent
elle vient	elles viennent

prendre (	) (084)
je prends	nous prenons
tu prends	vous prenez
il prend	ils prennent
elle prend	elles prennent

「どこ」を尋ねる表現 (085)

Où sont tes parents ?　– Ils sont là-bas !

Vous habitez *où* ?　– J'habite à Nagasaki.

À choisir

1. [　] 内から適切なほうを選びましょう。　　　　　　　　　　　▶▶▶ **1 2**

a. [Qu'est-ce qui / Qu'est-ce que] tu cherches ?

　　– Je cherche les toilettes, mais elles sont où ?

b. [Qui / Que] est à côté de la fenêtre ?　– C'est Jacques.

c. Il y a des étudiants dans la classe ?

　　– Non, [il y n'a pas / il n'y a pas] d'étudiants dans la classe.

2. [　] 内から前置詞と定冠詞の組み合わせが正しいほうを選びましょう。　▶▶▶ **3**

a. Tu prends une tarte [à les / aux] fraises ?

　　– Non. Je prends une tarte [au / aux] citron.

b. Je vais [au / à la] place [de la / du] Concorde à vélo.

　　– C'est vrai ? Moi, je prends le bus.

c. Où est l'avenue [des / de les] Champs-Élysées ?

　　– Elle est devant l'Arc de triomphe [de la / de l'] Étoile.

3. [　] 内から適切なものを選びましょう。　　　　　　　　　　　▶▶▶ **4**

a. Tu étudies [au / en / aux / à] France ?

　　– Non. J'étudie [au / en / aux / à] États-Unis.

b. Vous habitez [au / en / aux / à] Japon ?

　　– Non. J'habite [au / en / aux / à] Singapour.

c. Il voyage [au / en / aux / à] Angleterre ?

　　– Non. Il voyage [au / en / aux / à] Portugal.

位置を示す表現　　　　　　　　　　　　　　　　　　　　　　　　🎧(086)

sur...	sous...	derrière...	dans...	devant...
（ ～の上に ）	（　　　）	（　　　）	（　　　）	（　　　）
à coté de...	à gauche de...	à droite de...	entre... et...	
（　　　）	（　　　）	（　　　）	（　　　）	

🎧(087)

1 疑問代名詞

		～が（主語）	～を（目的語など）	前置詞とともに
誰	qui	*Qui* est là ? *Qui est-ce qui* est là ?	Tu cherches *qui* ? *Qui est-ce que* tu cherches ? *Qui* cherches-tu ?	Tu chantes *avec qui* ?
何	que quoi	*Qu'est-ce qui* ne va pas ?	Tu cherches *quoi* ? *Qu'est-ce que* tu cherches ? *Que* cherches-tu ?	Ils parlent *de quoi* ?

30

À communiquer

1. 質問文に対応する応答文を見つけて線で結び、近くの人とやりとりをしましょう。　▶▶▶ **1**

a. Qui regarde la télé ?　　　　　　**d.** Il regarde Jeanne.

b. Jacques regarde quoi ?　　　　　**e.** C'est Atsushi.

c. Yuji regarde qui ?　　　　　　　**f.** Il regarde le match de foot.

(088)

2. （　　）に適切な語句を入れ、近くの人とやりとりをしましょう。　▶▶▶ **2**

a. （　　　　　　　　）des restaurants dans les Galeries Lafayette* ?

　　– Oui. Il y a aussi des cafés là-bas.

b. Il y a des chats sous la table ?　– Non, （　　　　　　　　）chats sous la table.

c. Qu'est-ce qu' （　　　　　　）dans le quartier d'Asakusa ?

　　– （　　　　）le temple Sensô-ji.

*les Galeries Lafayette〜：ギャルリー・ラファイエット（パリの有名デパート）

(089)

3. （　　）に適切な〈 前置詞＋定冠詞 〉を入れ、近くの人とやりとりをしましょう。

a. Je cherche un parking souterrain, mais c'est où ?　▶▶▶ **3** **4**

　　– C'est à côté （　　　　）hôpital.

b. Vous êtes où, maintenant ?　– Nous sommes （　　）café Lucrèce derrière la poste.

c. Elle vient d'où ? Elle vient （　　）Canada ?

　　– Non. Elle vient （　　）États-Unis.

(090)

---

2 非人称構文 il y a　　　　　　　　　・非人称構文のil は仮の主語で、「彼」ではありません。

Il y a une voiture devant la maison.　　　　**Il y a** des fraises sur la table.
Il n'y a pas de tomates dans le frigo.（× Il ne y a pas des tomates dans le frigo.）

3 前置詞 à / de と定冠詞の縮約

前置詞à, deは直後の定冠詞がle, lesのときは「縮約」して1語になります。la, l'のときは縮約しません。

à + le → au	un café **au** lait	de + le → du	Il vient **du** restaurant.
à + la	un chou **à la** crème	de + la	Elle habite près **de la** gare.
à + l'	des sardines **à l'**huile	de + l'	C'est un peu loin **de l'**hôtel.
à + les → aux	un pain **aux** raisins	de + les → des	Voilà l'avenue **des** Champs-Élysées !

4 国名と前置詞

語頭が母音	語頭が子音字で語尾が e	冒頭が子音字で語尾が e 以外	複数形	冠詞が不要
en Espagne	en France	au Japon	aux États-Unis	à Taïwan
en Italie	en Suisse	au Canada	aux Philippines	à Singapour
en Iran	en Belgique	例外：au Mexique	aux Pays-Bas	

À écrire

日本語をフランス語にしましょう。

a. 自転車でどこに行くの？　_____

b. 冷蔵庫の中にイチゴがあります。　_____

c. 彼女は美術館から地下鉄で来ます。　_____

_____

À écouter

2つの文のうち、聞こえたほうに✓を入れましょう。　(094)

a. ☐ La mairie est derrière la bibliothèque. ☐ La mairie est devant la bibliothèque.

b. ☐ La banque est à gauche de la poste. ☐ La banque est à droite de la poste.

c. ☐ Ils prennent le métro ? ☐ Il prend le métro ?

d. ☐ Elles viennent de l'hôpital en train. ☐ Elle vient de l'hôpital en train.

e. ☐ Il y a un sac sur la table. ☐ Il y a un sac sous la table.

À imaginer

〈 avoir mal à ＋身体の部位 〉で「〜が痛い」と表現できます (*ex.* J'ai mal aux dents.「わたしは歯が痛いんです」)。イラストを見て会話を想像し、自由に（　　　　）に書きましょう。できあがったら、近くの人とやりとりをしましょう。

Docteur : Où avez-vous mal ?

Georges : J'ai mal (　　　　　　　).

Docteur : Oh là là...

Vous prenez des médicaments ?

la tête　les dents　l'estomac　le ventre

En tandem !

どんな交通手段で大学まで来ていますか？ 例を参考にして、近くの人と質問しあってみましょう。

例) *A : Tu habites où ?*　(095)

B : J'habite à Minato-ku.

A : Tu viens à la fac en métro ?

B : Non. Je viens à la fac en bus.

D'habitude, je me couche à 1 heure.

ふだん、僕は1時に寝るんだ。

目標 ＞＞＞ 毎日の習慣について話そう

À observer

会話文をよく観察しましょう。次に音声を何回か聞き、[　]内の聞こえたほうの語に○をつけましょう。

（096）

A : [Il est / Il fait] quelle heure ?

B : [Elle est / Il est] 11 heures.

A : Tu ne [me couche / te couches] pas ?
　　Moi, j'ai sommeil...

B : Non. D'habitude, je [se couche / me couche]
　　à 1 heure.

A：いま、何時？

B：11時だよ。

A：あなたは寝ないの？
　　わたしは眠い…。

B：いや。ふだん、僕は1時に寝るんだ。

faire (　　　　)	（097）
je fais	nous fai<u>s</u>ons
tu fais	vous fait<u>es</u>
il / elle fait	ils /elles font

comprendre (　　　　)	（098）
je comprends	nous comprenons
tu comprends	vous comprenez
il / elle comprend	ils /elles comprennent

1 代名動詞

〈 se ＋動詞 〉の形をとり、この組み合わせでひとつの意味を成します。活用するとき、主語に連動して se の部分が変化するので気をつけましょう。動詞は主語に合わせて通常どおりに活用します。つまり、活用で変化するのは2か所です。p.6で学んだ〈 Je m'appelle ＋名前〉も代名動詞です。

se coucher (　　　　)		（099）
je me couche	**nous nous** couchons
tu te couches	**vous vous** couchez
il se couche	**ils se** couchent
elle se couche	**elles se** couchent

se coucher の否定形			（100）
je *ne* **me** couche *pas*	**nous** *ne* **nous** couchons *pas*
tu *ne* **te** couches *pas*	**vous** *ne* **vous** couchez *pas*
il *ne* **se** couche *pas*	**ils** *ne* **se** couchent *pas*
elle *ne* **se** couche *pas*	**elles** *ne* **se** couchent *pas*

À choisir

1. [   ] 内から適切なほうを選びましょう。 ▶▶▶ **1**

a. D'habitude, tu [te / se] couches à 23 heures ?

– Oui, je [se / me] couche à 23 heures.

b. Vous [vous / se] levez à 6 heures ?

– Oui, je [vous / me] lève à 6 heures, en général.

c. Elles [elles / se] reposent chez elles ?   – Oui, elles [se / te] reposent chez elles.

2. [   ] 内から適切なほうを選びましょう。 ▶▶▶ **1**

a. Tu te maquilles dans ta chambre ?

– Non, je [ne me / me ne] maquille pas dans ma chambre.

b. En général, vous vous promenez le matin ?

– Non, nous [nous ne / ne nous] promenons pas le matin.

c. Il s'habille maintenant ? – Non, il [se n'habille / ne s'habille] pas maintenant.

3. [   ] 内から適切なほうを選びましょう。 ▶▶▶ **2**

a. [Elle est / Il est] quelle heure ?   – [Il a / Il est] 13 heures 40.

b. Tu déjeunes à [quel / quelle] heure ?   – Je déjeune à 13 [heure / heures].

c. Tu prends une douche à minuit ?

– Non. Je prends une douche à [1 heure / 1 heures].

4. [   ] 内から適切なほうを選びましょう。 ▶▶▶ **3**

a. [Il fait / Il est] beau aujourd'hui ? – Non. [Il fait / Il y a] des nuages.

b. [Je fais / Il fait] chaud à Osaka !   – C'est vrai ? [Il est / Il fait] frais à Kanazawa.

c. Il [pleut / beau] à Okinawa. – Oh là là ! Il [neige / froid] à Sapporo.

毎日の習慣

🎧(101)

se lever	se promener	se maquiller
( )	( )	( )
prendre le petit déjeuner	déjeuner	dîner
( )	( )	( )
prendre une douche	prendre un bain	faire les courses
( )	( )	( )
faire la cuisine	faire la sieste	
( )	( )	

À communiquer

1. 質問文に対応する応答文を見つけて線で結び、近くの人とやりとりをしましょう。　▶▶▶ **2 3**

a. Quel temps fait-il à Akita ?　　　　　**d.** Il est 10 heures.

b. Il est quelle heure ?　　　　　　　　**e.** Il se lève à 8 heures et demie.

c. Il se lève à quelle heure ?　　　　　　**f.** Il pleut.

2. （　　）に代名動詞の適切な活用を入れて、近くの人とやりとりをしましょう。　▶▶▶ **1**

a. Tu te lèves à quelle heure, en général ?

　　– Je (　　　　　　　　) à 9 heures et quart.

b. Vous (　　　　　　　　　　) à quelle heure ?　– Je me couche à minuit.

c. D'habitude, tu te promènes avec ton chien ?

　　– Non. Mon père (　　　　　　　　　　) avec lui.

3. （　　）に faire の活用を入れて、近くの人とやりとりをしましょう。

a. Qu'est-ce que tu (　　　　　　) dans l'après-midi ?

　　– D'habitude, je (　　　　　) les courses.

b. Qu'est-ce que vous (　　　　　　) maintenant ?

　　– Maintenant ? Nous (　　　　　　　　) la cuisine.

c. Est-ce qu'ils (　　　　　) la sieste ?

　　– Non, ils (　　　　　　　) la sieste, mais ils (　　　　) du jogging.

---

2 時刻の表現　　　　　　　　　　　　・il は非人称主語で、「彼」ではありません。

Il est *quelle heure* ? / *Quelle heure* est-il ? – Il est 7 heures.　「何時ですか ?」「7時です」

Tu te couches *à quelle heure* ? – Je me couche à minuit.　「何時に寝ますか ?」「午前0時に寝ます」

matin (　　　　)			après-midi (　　　　)		
09：15	(　：　)	12：00	(　：　)		02：40
neuf heures **et quart**	dix heures vingt	midi	midi **et demie**		trois heures **moins** vingt

soir (　　　　)				
(　：　)	11：50	0：00	01：00	(　：　)
huit heures **moins le quart**	minuit **moins** dix	minuit	une heure	deux heures dix

3 天候の表現　　　　　　　　　　　　　　・j'ai chaud（体温）≠ Il fait chaud（気温）

Il fait chaud.	Il fait froid.	Il fait frais.	Il fait doux.
(　　　　)	(　　　　)	(　　　　)	(　　　　)
Il fait beau.	Il fait mauvais.	Il pleut.	Il neige.
(　　　　)	(　　　　)	(　　　　)	(　　　　)
Il y a des nuages.	Il y a du vent.	Il fait 20 degrés.	Il fait moins 1 degré.
(　　　　)	(　　　　)	(　　　　)	(　　　　)

À écrire

日本語をフランス語にしましょう。

a. 僕は8時半に起きます。　　　　　　_____

b. あなたは何時に寝るんですか？　　_____

c. わたしたちはふだん散歩をしません。_____

À écouter

2つの文のうち、聞こえたほうに✓を入れましょう。　　　　　　　　　　🎧108

a. ☐ Il fait chaud.　　　　　　　　　☐ Il fait froid.

b. ☐ Il fait beau.　　　　　　　　　　☐ Il pleut.

c. ☐ Il fait 10 degrés.　　　　　　　☐ Il fait moins 10 degrés.

d. ☐ Il est 8 heures 50.　　　　　　☐ Il est 8 heures 5.

e. ☐ Il est minuit 45.　　　　　　　☐ Il est midi 45.

À imaginer

イラストを見て会話を想像し、自由に（　　　　　　）に書きましょう。できあがったら、近くの人とやりとりをしましょう。

Animatrice : Aujourd'hui, quel temps fait-il à (　　　　　　　) ?

Reporteur de météo : Il (　　　　　　) et il fait (　　　) degré(s).

Tokyo	☀	18℃
New York	❄	−2℃
Paris	☁	1℃
Singapour	🌧	23℃

En tandem !

🎧109

皆さんは健康的な生活をしていますか？　毎日、下記のことをしている時刻を［　　　］に書き入れ、例を参考にしながら近くの人と質問しあってみましょう。

se lever	déjeuner	dîner	prendre un bain	se coucher
[　：　]	[　：　]	[　：　]	[　：　]	[　：　]

例）*A : En général, tu (　　　) à quelle heure ?*

　　B : D'habitude, je (　　　) à 8 heures et quart.

36

On va aller au café près de la gare !

駅の近くにあるカフェに行こう！

À observer

会話文をよく観察しましょう。次に音声を何回か聞き、[　] 内の聞こえたほうの語に○をつけましょう。 🎧110

A : Je [prends / vais prendre] un café avec Miki. Tu viens avec nous ?

B : Bonne idée ! Je viens [de / à] finir mes devoirs.

A : Très bien. On [va aller / va] au café près de la gare !

B : D'accord. Moi, je vais boire [une / de la] bière.

A : ミキとコーヒーを飲むんだ。
　　君も来る？

B : いいわね！ 宿題をいま終わらせたところ
　　なの。

A : よし。駅の近くにあるカフェに行こう！

B : 了解。わたしはビールを飲もうっと。

partir (　　　　　) 🎧111	
je pars	nous partons
tu pars	vous partez
il / elle part	ils / elles partent

finir (　　　　　) 🎧112	
je finis	nous finissons
tu finis	vous finissez
il / elle finit	ils / elles finissent

boire (　　　　　) 🎧113	
je bois	nous buvons
tu bois	vous buvez
il / elle boit	ils / elles boivent

voir (　　　　　) 🎧114	
je vois	nous voyons
tu vois	vous voyez
il / elle voit	ils / elles voient

不定代名詞 on 🎧115

動詞は3人称単数形を使います。代表的な用法は以下のとおりです。

①**On** va au cinéma ce soir ?　　**On** prend un taxi ?

　　(on＝わたしたちは：nous　人を誘うときなど日常会話でよく使う)

②Au Québec, **on** parle français.　(on＝人々は)

③**On** sonne (à la porte).　(on＝誰かが)

時をあらわす表現（1）🎧116

avant-hier	hier	aujourd'hui	demain	après-demain
(　　　)	(　　　)	(　　　)	(　　　)	(　　　)

À choisir

1. [   ] 内から適切な動詞の活用形や語順を選びましょう。　▸▸▸ **1 2**

a. Vous allez [partez / partir] en vacances ?

　– Oui, je [vais / allez] partir en vacances demain !

b. Tu vas [finir / finis] tes devoirs ?

　– Non, je ne vais [pas finir / finir pas] mes devoirs.

c. Ils [vont / viennent] de partir pour Paris ?

　– Oui, ils viennent [de / pour] partir hier.

2. [   ] 内から適切な部分冠詞を選びましょう。　▸▸▸ **3**

a. On prend [du / de la / de l'] café ?

　– Euh... je prends [du / de la / de l'] thé.

b. Tu manges [du / de la / de l'] salade ?

　– Non, merci. Je mange [du / de la / de l'] soupe.

c. Il y a [du / de la / de l'] huile d'olive ?　– Oui. Voilà !

3. [   ] 内から適切な冠詞を選びましょう。否定文に注意してください。　▸▸▸ **3**

a. On va boire [du / de la / de l'] bière ?

　– Moi, non. Je ne bois pas [de la / de] bière.

b. Tu prends [du / de la / de l'] fromage ?

　– Non, je ne prends pas [de / du] fromage.

c. Elles boivent [du / de la / de l'] eau ?

　– Non, elles ne boivent pas [de l' / d' / de] eau.

1 近接未来　🎧 117

　〈 aller の現在形 ＋不定詞 〉の形で、これからすぐに行なわれる行為に対して使います。

　　Je ***vais partir*** demain.　　On ***va prendre*** un café.

　　cf. aller ＋不定詞：〜しに行く　　Il *va chercher* sa femme à la gare.

2 近接過去　🎧 118

　〈 venir の現在形 ＋de ＋不定詞 〉の形で、ついさっき行なわれた行為に対して使います。

　　Je ***viens de finir*** mes devoirs.　　Elle ***vient de voir*** un film.

　　cf. venir ＋不定詞：〜しに来る　　Il *vient chercher* sa femme à la gare.

À communiquer

1. 質問文に対応する応答文を見つけて線で結び、近くの人とやりとりをしましょう。　▶▶▶ **1** **2**

a. On va aller au cinéma ?

b. Pierre, il a faim maintenant ?

c. Il vient manger chez nous ?

d. Désolée... Je suis très occupée.

e. Oui, il vient manger bientôt !

f. Non. Il vient de manger du pain.

(119)

2. （　　）に適切な語を入れて、近くの人とやりとりをしましょう。　▶▶▶ **1** **2**

a. Je viens （　　　　　） finir mon travail.

　– Super ! On （　　　　　） aller au bistro ? Ce n'est pas loin d'ici.

b. Vous allez （　　　　　） Catherine demain ?

　– Non, nous n' （　　　　　） pas voir Catherine.

c. Le train （　　　　　） de partir...

　– Ce n'est pas grave ! Le prochain train （　　　　　） arriver bientôt.

(120)

3. （　　）に適切な冠詞を入れて、近くの人とやりとりをしましょう。　▶▶▶ **3**

a. Vous prenez （　　　） vin ?　– Non merci. Je vais boire （　　　） eau.

b. Qu'est-ce que tu prends le matin ?

　– D'habitude, je prends （　　　） pain avec （　　　） confiture.

c. Vous avez （　　　） argent ?　– Non, je n'ai pas （　　　） argent.

(121)

---

3 部分冠詞

(122)

「1つ、2つ、3つ…」と数えられないもの、量がはっきりしないもの、またははっきりさせなくても構わないとき（たとえば「お水をください」など）に用いられます。

	部分冠詞 + 男性名詞	部分冠詞 + 女性名詞
語頭が子音の名詞	du café	de la sauce
語頭が母音の名詞	de l' argent	de l' eau

・母音や無音のhで始まる名詞では、de l'となります（×du argent, ×de la eau）。
・部分冠詞は「数えられないもの」に対して使うので、複数形はありません。
・部分冠詞は液体に対して多く用いられますが、その液体が数えられる状況の場合は、不定冠詞や数詞を使います。
　液体のまま（数・量がはっきりしていない場合）：**du** café
　コップなどの容器に入っている（1杯分、2人前など、数えられる場合）：**un** café, **deux** cafés, etc.

否定文中では、不定冠詞や数詞のときと同じように、数・量が「ゼロ」になってしまうので、du, de la, de l'の代わりに **de, d'** を使います（p.27参照）。

On prend **du** thé.　　　→ On **ne** prend **pas de** thé.

Nous mangeons **de la** soupe. → Nous **ne** mangeons **pas de** soupe.

Elle boit **de l'**eau.　　　→ Elle **ne** boit **pas d'**eau.（× pas de eau）

À écrire

日本語をフランス語にしましょう。

a. わたしたちはこれからフランス映画を1本見 ます。 _____

b. わたしはコーヒーを1杯飲んだばかりです。 _____

c. 明日出発しよう！ _____

À écouter

2つの文のうち、聞こえたほうに ✓ を入れましょう。

a. □ On mange de la baguette ?　□ On ne mange pas de baguette ?

b. □ Je vais faire la cuisine.　□ Je ne vais pas faire la cuisine.

c. □ Elle vient dîner chez nous.　□ Elle vient de dîner chez nous.

d. □ Il vient de voir M. Renaud.　□ Ils viennent de voir M. Renaud.

e. □ Le train va partir !　□ Le train vient de partir !

À imaginer

イラストを見て会話を想像し、自由に（　　　　　　　）に書きましょう。できあがったら、近くの 人とやりとりをしましょう。

Kensuke : Je vais (　　　　　　　　) après les cours, tu viens avec moi ?

Caroline : Bonne idée ! Je viens de (　　　　　　　　　) tout à l'heure.

Kensuke : Très bien. On va se voir à 18 heures devant la bibliothèque.

manger dans un bistro

aller au cinéma

finir mes devoirs

rentrer chez moi

En tandem !

例を参考にしながら、近くの人を誘ってみましょう。誘われた人は、以下の表現を使って答えま しょう。

Avec plaisir ! 喜んで！	Volontiers ! 喜んで！もちろん！	Pourquoi pas ? いいね！	Non merci. いえ、結構です。

例1) *A : On va aller au musée ?*　例2) *A : On prend un café maintenant !*

B : Pourquoi pas ?　*B : Avec plaisir !*

Il est moins cher que cette robe.

eçon 9

このワンピースよりお安いですよ。

目標 >>> 複数のものを比べよう

À observer

会話文をよく観察しましょう。次に音声を何回か聞き、[　] 内の聞こえたほうの語に○をつけましょう。

A : Excusez-moi, c'est combien, [ce / cette] robe ?

B : C'est 75 euros. Vous [pouvez / voulez] essayer ?

A : Non. C'est un peu cher... Alors, [ce / cette] T-shirt, c'est combien ?

B : Il est [plus / moins] cher que cette robe. C'est 65 euros.

A : OK ! Est-ce que je [peux / veux] essayer [ce / cette] T-shirt ?

A : すみません、このワンピースはおいくらですか？

B : 75ユーロです。試着されますか？

A : いえ。ちょっと高いなあ…　じゃあ、このTシャツはおいくらですか？

B : このワンピースよりお安いですよ。65ユーロです。

A : わかりました。このTシャツを試着してもいいですか？

pouvoir (　　　　)	
je peux	nous pouvons
tu peux	vous pouvez
il / elle peut	ils / elles peuvent

vouloir (　　　　)	
je veux	nous voulons
tu veux	vous voulez
il / elle veut	ils / elles veulent

可能・許可・依頼の表現

Je *peux* sortir maintenant. [可能]
Je *peux* rentrer ? [許可]
Tu *peux* fermer la porte ? [依頼]

願望の表現

Je *veux* aller à Venise !

「いつ」を尋ねる表現

Tu vas partir *quand* ? – En automne.

「何人の」「いくつの」を尋ねる表現

Vous êtes *combien* ? – On est trois.　　　Tu as *combien de* frères ?

四季

une année (　　)			
le printemps (　)	l'été (　)	l'automne (　)	l'hiver (　)

au printemps　*en* été
en automne　*en* hiver

À choisir

1. [　　] 内から適切な動詞の活用形を選びましょう。

a. Est-ce que je [peut / peux] réserver une place ce soir ?

　　– Oui, bien sûr. Vous [voulez / veulent] réserver à quelle heure ?

b. Tu [veux / veut] prendre un taxi ?

　　– Non, ça va. Je [veux / voulons] marcher.

c. J'ai chaud ! Tu [peux / peut] ouvrir cette fenêtre ?

　　– Non, je ne [veux / voulons] pas, parce qu'il fait très froid.

2. 【　　】の指示に従って、[　　] 内から適切なものを選びましょう。　▶▶▶ **1**

a. Kazumi est aussi grande que Ken ?

　　– Non. Elle est [plus / moins / aussi] grande que lui. 【Kazumi > Ken】

b. Ta petite sœur est moins bavarde que ton petit frère ?

　　– Non ! Elle est [plus / moins / aussi] bavarde que lui. 【petite sœur＝petit frère】

c. La natation est [plus bonne / meilleure] pour la santé que le jogging.

　　– Ah bon ？ Moi, je préfère le jogging. 【natation > jogging】

3. [　　] 内から適切な語を選びましょう。　▶▶▶ **2**

a. Ton père est plus dynamique que toi ?

　　– Oui, il est le plus dynamique [que / de] ma famille.

b. Julie et Nathalie sont plus calmes que vous ?

　　– Non. Elles sont [le / la / les] moins calmes de mes amies.

c. Nicolas est plus gentil que toi ?

　　– Évidemment ! Il est [le / la / les] plus gentil de la classe.

4. [　　] 内から適切な指示代名詞を選びましょう。　▶▶▶ **3**

a. [Ce / Cet / Cette / Ces] beau garçon sur la photo, c'est qui ？　– C'est un ami.

b. Bonjour, madame ! Qu'est-ce que vous désirez* ?

　　– Je voudrais [ce / cet / cette / ces] ordinateur.

c. Il va partir en France quand ?　– Il va partir [ce / cet / cette / ces] été.

＊Qu'est-ce que vous désirez ? : 何になさいますか?

数詞（70 –100） 🎧(131)

(70) soixante-dix	(　) soixante et onze	(　)　soixante-douze
(　) soixante-dix-neuf	(80) quatre-vingts	(81) quatre-vingt-un
(　) quatre-vingt-sept	(90) quatre-vingt-dix	(91) quatre-vingt-onze
(　) quatre-vingt-quatorze	(　) quatre-vingt-dix-neuf	(100) cent

À communiquer

1. 質問文に対応する応答文を見つけて線で結び、近くの人とやりとりをしましょう。　▶▶▶ **1**

a. Il est plus âgé qu'eux ?

b. Elle est moins âgée que toi ?

c. Elle est aussi âgée que nous ?

d. Non ! Il est moins âgé qu'eux.

e. Oui, elle est aussi âgée que nous.

f. Bien sûr ! Elle est plus jeune que moi.

132

2. （　　）に適切な語を入れて、近くの人とやりとりをしましょう。　▶▶▶ **1 2**

a. À mon avis*, le vin français a (　　　) meilleure qualité du monde !

　　– Oui, je suis d'accord.

*à mon avis : わたしの意見では

b. Voilà le mont Fuji ! – Très beau ! C'est la plus haute montagne (　　　) Japon.

c. La tour Eiffel est moins haute (　　　) la tour de Tokyo ? – Oui, exactement.

133

3. （　　　）に適切な指示形容詞を入れて、近くの人とやりとりをしましょう。　▶▶▶ **3**

a. Qu'est-ce que vous allez faire (　　　　) après-midi ?

　　– Je vais jouer au foot avec des amis.

b. On va aller à un restaurant à Yokohama (　　　) soir ?

　　– Non, je ne peux pas. Je suis très occupée.

c. Elle ne va pas voyager (　　　) année ?

　　– Si, elle va voyager au Japon (　　　) automne.

134

1 形容詞の比較級

135

	plus		[mon frère > moi] 優等
Mon frère est	aussi	**grand** que moi.	[mon frère = moi] 同等
	moins		[mon frère < moi] 劣等

・形容詞は比較する名詞の性と数に一致します。　**Ma sœur** est plus **grande** que moi.
・特殊な比較級：bon(ne)(s) → ~~plus bon(ne)(s)~~ → **meilleur(e)(s)**

2 形容詞の最上級

136

Mon frère est le　plus / moins　**grand** de ma famille.

・定冠詞と形容詞は比較する名詞の性と数に一致します。　**Ma sœur** est <u>la</u> plus **grande** de ma famille.
・特殊な最上級：bon(ne)(s) →~~le / la / les plus bon(ne)(s)~~ → **le / la / les meilleur(e)(s)**

3 指示形容詞

137

名詞の前について「この」「その」「あの」などを表わします。遠近の区別はありません。あとに続く名詞の性と数によって使い分けます。

	指示形容詞＋男性名詞	指示形容詞＋女性名詞
単数	ce manteau	cette jupe
複数	ces chaussures	

・男性名詞単数が、母音や無音のhで始まる場合、ceの母音との衝突／連続を回避するために **cet** を使用します：cet été（× ce été）, cet hôtel（× ce hôtel）.

43

À écrire

日本語をフランス語にしましょう。

a. 19時にひと席を予約できますか。 _____

b. この春にイタリアを旅行したいです。 _____

c. ケンはタケオよりスポーツ好きだ。 _____

À écouter

2つの文のうち、聞こえたほうに✓を入れましょう。 (138)

a. ☐ Il a 60 ans.   ☐ Il a 70 ans.

b. ☐ Vous pouvez prendre la chambre 82.   ☐ Vous pouvez prendre la chambre 92.

c. ☐ Il y a 78 personnes dans la salle.   ☐ Il y a 98 personnes dans la salle.

d. ☐ La page 95, s'il vous plaît !   ☐ La page 84, s'il vous plaît !

e. ☐ Je pèse 71 kilos.   ☐ Je pèse 73 kilos.

À imaginer

イラストを見て会話を想像し、自由に（　　　　　　　）に書きましょう。できあがったら、近くの人とやりとりをしましょう。

Béatrice : Kazuki, (　　　　) est (　　　　) grand(e) que toi ?

Kazuki : Ah, non. Il / Elle est (　　　　) grand(e) que moi.

Makoto　　Audrey　　Kazuki　　Jean-Paul

En tandem !

　例を参考にしながら、旅行で行きたい場所と季節について話してみましょう。行きたい季節は、ce printemps / cet été / cet automne / cet hiver を使いましょう。 (139)

例）*A : Cette année, je veux aller en Italie.*

　　B : Tu vas voyager quand ?

　　A : Je veux aller en Italie cet hiver.

çon 10 Alors, je la prends.

では、これをもらいます。

目標 >>> 買い物をしよう

À observer

会話文をよく観察しましょう。次に音声を何回か聞き、[　　] 内の聞こえたほうの語に○をつけましょう。 🎧140

A : Cette cravate [me / vous] va très bien, monsieur.

B : C'est vrai ? Elle [me / vous] plaît beaucoup. Mais ça coûte combien, cette cravate ?

A : Ça coûte 65 euros, monsieur.

B : Alors, je [la / le] prends.

A : このネクタイはとてもお似合いですよ。

B : 本当ですか？とても気に入ってるんです。で、これはおいくらですか？

A : 65ユーロです。

B : じゃあ、これをもらいます。

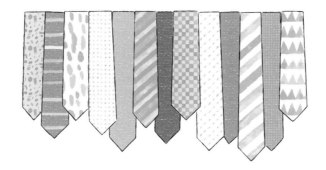

attendre （ 　　　　 ） 🎧141	
j' attends	nous attendons
tu attends	vous attendez
il / elle attend	ils / elles attendent

＊entendre（聞こえる、聞く）も同じ型

offrir （ 　　　　 ） 🎧142	
j' offre	nous offrons
tu offres	vous offrez
il / elle offre	ils / elles offrent

dire （ 　　　　 ） 🎧143	
je dis	nous disons
tu dis	vous dites
il / elle dit	ils / elles disent

connaître （ 　　　　 ） 🎧144	
je connais	nous connaissons
tu connais	vous connaissez
il / elle connaît	ils / elles connaissent

好みをあらわす表現 　〈 主語 + plaire à + 人〉「～は（主語が）気に入っている（好きだ）」 145

Ce pantalon me *plaît*. 　　 Ces chaussures te *plaisent* ?

cf. J'aime ce pantalon. 　　 Tu aimes ces chaussures ?

À choisir

1. [   ] 内から適切な動詞の活用形を選びましょう。

a. Tu [entends / entendez] du bruit dans le salon ?

– Non, je n' [entends / entend] pas de bruit.

b. Qu'est-ce que vous [dis / dites] maintenant ?   – Non, je ne [dit / dis] rien*.

c. Vous [connaît / connaissez] cet acteur ?   – Oui, je le [connais / connaît] bien.

＊ ne... rien：何も～ない

2. [   ] 内から適切な語順を選びましょう。   ▶▶▶ **1 2**

a. Vous téléphonez à votre mère ?   – Oui, [je lui téléphone / je téléphone lui] .

b. Ils visitent l'Afrique en juin ?

– Non, [ils la ne visitent pas / ils ne la visitent pas] en juin.

c. Elle va prendre ses vacances en mars ?

– Non ! [Elle va les prendre / Elle les va prendre] en mai.

3. [   ] 内から適切な直接目的語代名詞を選びましょう。   ▶▶▶ **1**

a. Bonjour, je suis Yumi.

– Bonjour, je suis Thomas. Je suis content de [me / te] voir.

b. Il n'attend pas Keiko ?   – Si, il [la / l'] attend toujours...

c. Elle ne connaît pas Jean-Pierre ?   – Non, elle ne [me / le / la] connaît pas bien.

4. [   ] 内から適切な間接目的語代名詞を選びましょう。   ▶▶▶ **2**

a. D'habitude, j'offre un cadeau à ma femme pour son anniversaire.

– Formidable ! Qu'est-ce que tu [la / lui] offres en général ?

b. Vous ne dites pas la vérité à votre père ?   – Si, je vais [lui / vous] dire la vérité.

c. Aïcha te parle de son petit ami ?

– Non, elle ne [te / me] parle pas du tout de son petit ami.

数詞（101 -10 000）   🎧 146

(101) cent un	( ) cent cinq	( ) cent dix
(200) deux cent**s**	( ) trois cent**s**	( ) huit cent dix
(1000) mille	( ) deux mille un	( ) sept mille vingt et un
( ) neuf mille neuf cent quatre-vingt-dix-neuf		( ) dix mille

12 ヶ月   ・語頭は小文字です。前置詞 en とともに使います。 **Je prends mes vacances *en* juillet.**   🎧 147

janvier	février	mars	avril	mai	juin
( )	( )	( )	( )	( )	( )
juillet	août	septembre	octobre	novembre	décembre
( )	( )	( )	( )	( )	( )

À communiquer

1. 質問文に対応する応答文を見つけて線で結び、近くの人とやりとりをしましょう。　▶▶▶ **2**

a. Cette veste bleue me va bien ?

b. Cette jupe jaune te plaît ?

c. Ces chaussures noires vous plaisent ?

d. Oui, elle me plaît.

e. Oui, elle te va bien.

f. Oui, elles me plaisent.

(148)

2. （　）に適切な直接目的語代名詞を入れて、近くの人とやりとりをしましょう。　▶▶▶ **1**

a. Ce T-shirt vert vous va très bien !

– C'est vrai ? Je (　　) prends.

b. Vous n'attendez pas Mika ?

– Si, je (　　) attends depuis* une heure...

c. Tu ne m'aimes pas ?

– Si, je (　　) aime toujours. Mais... Pourquoi tu dis ça ?

(149)

* depuis : 〜から

3. （　）に適切な間接目的語代名詞を入れて、近くの人とやりとりをしましょう。　▶▶▶ **2**

a. Vous offrez ces fleurs à votre mère ?

– Oui, je (　　) offre ces fleurs.

b. Ce film ne te plaît pas ?

– Non, il ne (　　) plaît pas beaucoup.

c. Toi, ça te dit d'aller*au grand magasin ?

– Moi ? Non, ça ne (　　) dit pas du tout.

(150)

* ça te dit de + 不定詞 ? : 〜しませんか？

---

1 直接目的語代名詞
2 関接目的語代名詞

直接目的語：前置詞なしに直接、動詞と結びつく（人／もの、どちらも可）
間接目的語：前置詞àなどを介して間接的に動詞と結びつく（主に〈à + 人〉）

目的語人称代名詞は、直接／間接目的語の名詞の代わりに用いる代名詞です。通常の文では目的語は動詞の後ろにありますが、英語とは異なり、代名詞になると動詞の直前に移動します。

主語	je	tu	il	elle	nous	vous	ils	elles
直接目的語	me (m')	te (t')	le (l')	la (l')	nous	vous	les	
間接目的語			lui				leur	

Tu regardes <u>la télé</u> ?　　　　　→ Oui, je **la** regarde.

Vous offrez <u>ces roses</u> à Yuri ?　→ Oui, je **les** offre à Yuri.

Vous offrez ces roses <u>à Yuri</u> ?　→ Oui, je **lui** offre ces roses.

Elle vient de téléphoner <u>à son fils</u> ?　→ Oui, elle vient de **lui** téléphoner.
　　　　　　　　　　　　　　　　　　　（× Oui, elle lui vient de téléphoner.）

(151)

À écrire

日本語をフランス語にしましょう。

a. わたしはこの赤いTシャツがすごく気に入ってます。 _____

b. マリーですか？（えぇ、）僕は彼女をよく知ってますよ。 _____

c. 彼はわたしに何も言ってくれないの。 _____

À écouter

2つの文のうち、聞こえたほうに✓を入れましょう。 152

a. ☐ Ça fait combien ?　　　　　　☐ Ça coûte combien ?

b. ☐ Ça coûte 2 000 euros.　　　　☐ Ça coûte 10 000 euros.

c. ☐ Ça fait 750 euros.　　　　　　☐ Ça fait 730 euros.

d. ☐ Ça coûte 6 500 yens.　　　　☐ Ça coûte 6 050 yens.

e. ☐ Ça coûte 1 040 yens.　　　　☐ Ça coûte 1 400 yens.

À imaginer

イラストを見て会話を想像し、自由に（　　　　　）に書きましょう。できあがったら、近くの人
とやりとりをしましょう。

Robin : Ces (　　　　　　) te plaisent ?

Zoé : Oui, (　　　) me plaisent.

　　　　Mais pourquoi ?

Robin : Parce qu' (　　　) te vont très bien !

les lunettes 女

les gants 男

les chaussures 女

En tandem !

例を参考にしながら、イラストの商品を買う練習をしましょう。 153

例）*A : Ça coûte combien, ce jean ? Je l'adore !*

　　B : Ça coûte 75 euros. Est-ce que vous le prenez ?

　　A : Oui, je le prends.

la veste (80€)

les baskets (60€) 　le jean (75€)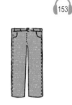

11 **Qu'est-ce que tu as fait dimanche dernier ?**

この前の日曜日は何をしたの？

目標 ▷▷▷ 自分の体験や過去のことを話そう

À observer

会話文をよく観察しましょう。次に音声を何回か聞き、[　　] 内の聞こえたほうの語に○をつけましょう。

🎧 154

A : Qu'est-ce que tu [es / as] fait dimanche dernier ?

B : [J'ai / Je suis] fait du tennis avec des amis. Et toi ?

A : Moi ? [J'ai / Je suis] allé à Kamakura. [J'ai / Je suis] vu le grand Bouddha !

A：この前の日曜日は何をしたの？

B：友だちとテニスをしたわ。あなたは？

A：僕かい？　鎌倉に行ったよ。大仏を見たんだ！

sortir （　　　　　） 🎧 155	
je sors	nous sortons
tu sors	vous sortez
il / elle sort	ils / elles sortent

descendre （　　　　　） 🎧 156	
je descends	nous descendons
tu descends	vous descendez
il / elle descend	ils / elles descendent

時をあらわす表現（2）　🎧 157

la semaine dernière （　　　）	cette semaine （　　　）	la semaine prochaine （　　　）

jeudi dernier この前の木曜日　　samedi prochain 今度の土曜日

西暦　　　　　　　　　　　　　　　　・前置詞 en とともに使います。　🎧 158

deux mille trois (2003)　　　　　mille sept cent quatre-vingt-neuf （　　　）
deux mille vingt-deux （　　　）　mille neuf cent soixante-huit (1968)
Mon père est né **en** 1971.　　　Elle est entrée à l'université **en** 2010.

49

À choisir

1. それぞれの過去分詞の不定詞を選択肢から選び、(　　　)に書きましょう。　▶▶▶ **1**

mangé (　　　　) pris (　　　　　) venu (　　　　) né (　　　　) fait (　　　　)

vu (　　　) mort (　　　　) fini (　　　　) allé (　　　　) porté (　　　　)

venir　aller　voir　porter　faire　naître　mourir　finir　prendre　manger

2. [　　] 内から適切な過去分詞の形を選びましょう。　▶▶▶ **1**

a. Elle a [fini / finie] ses devoirs ?

　　– Non, pas du tout ! Elle a [regardé / regardée] la télé.

b. Hier, ils ont [jouent / joué] au tennis ?

　　– Oui. Après, ils sont [allées / allés] au bistro.

c. Tu as [prend / pris] le petit déjeuner ce matin ?

　　– Oui. J'ai [mangé / mangée] du pain avec du beurre.

3. [　　] 内から複合過去形の適切な助動詞を選びましょう。　▶▶▶ **2**

a. Tu [es / as] déjà lu ce roman ?

　　– Oui, j' [ai / suis] lu ce roman la semaine dernière.

b. Je [suis / ai] allé à Meiji-jingu mardi dernier.

　　– C'est vrai ? Nous [avons / sommes] allés à Harajuku mercredi dernier.

c. Hier, je me [ai / suis] couchée à 3 heures du matin.

　　– Tu t' [es / as] couchée très tard !

4. [　　] 内から適切なほうを選びましょう。　▶▶▶ **2**

a. Je [n'ai étudié pas / n'ai pas étudié] hier soir...

　　– Oh là là ! Il y a un examen aujourd'hui.

b. Qu'est-ce que vous [avez fait / êtes faites] le week-end dernier ?

　　– Nous [sommes allées / avons allé] à Montmartre.

c. Elles [sont arrivés / sont arrivées] à Fukuoka.

　　– Vraiment ? Elles [ne m'ont jamais téléphoné / ne me sont jamais téléphonées].

---

1 **過去分詞**　・動詞の活用と違い、各動詞に過去分詞はひとつです。　(159)

　　　　entrer → **entré**　　aller → **allé**
　　　　finir　→ **fini**
　　　　voir　→ **vu**
　　　　entendre → **entendu**
特殊な例　avoir → **eu**　　être → **été**　　faire → **fait**　　prendre → **pris**
　　　　venir → **venu**　　offrir → **offert**　　naître → **né**　　mourir → **mort**

50

À communiquer

1. 質問文に対応する応答文を見つけて線で結び、近くの人とやりとりをしましょう。　▶▶▶ **2**
160

a. Yumi et Bernard sont partis en Europe ?　　**d.** Oui, elles sont parties lundi dernier.

b. Kyoko et Louise sont parties en Europe ?　**e.** Oui, elle est partie la semaine dernière.

c. Hiroko est partie en Europe ?　　　　　　**f.** Oui, ils sont partis samedi dernier.

2. 【　】で指示された動詞を複合過去形にして（　）に入れ、近くの人とやりとりを　▶▶▶ **2**
しましょう。
161

a. Monsieur Sasaki, vous (　　　　　　) où, le week-end dernier ?

　– Dimanche dernier, j' (　　　　　) le musée Picasso.　【aller / visiter】

b. Alice, tu (　　　　) quand ?　– Je (　　　　　) en 2003.　【naître】

c. Qu'est-ce qu'elle (　　　　　) tout à l'heure ?

　– Elle s' (　　　　　) dans sa chambre.　【faire / se maquiller】

3. 【　】で指示された動詞を複合過去形にして（　）に入れ、近くの人とやりとりを　▶▶▶ **2**
しましょう。
162

a. Je cherche Sarah, mais elle est où ?

　– Elle (　　　) déjà (　　　　　) de la classe.　【sortir】

b. Elle (　　　) ses devoirs ?　– Non, elle (　　　　　) ses devoirs.　【finir】

c. Kenji, tu (　　　　　) à 8 heures du matin, mais tes enfants ?

　– Mes enfants ? Ils (　　　　　　) à 9 heures.　【se lever】

---

2 複合過去

> 助動詞（avoir または être）＋過去分詞

過去のある時点での出来事や行為を語るときに使います。形も用法も、英語の現在完了とほぼ同じです。否定形は助動詞を ne(n') と pas ではさみます。
163

　J'**ai visité** le musée d'Orsay la semaine dernière.
　Elle **a fait** ses devoirs hier soir.
　Nous *n'***avons** pas **vu** Hugo mardi dernier.（×Nous *n'*avons vu *pas* Hugo mardi dernier.）

移動や変化を表す一部の自動詞（主に以下のもの）と代名動詞では、助動詞に être をとります。過去分詞は主語の性と数に一致します。

> arriver / partir　entrer / sortir　monter / descendre　aller / venir
> naître / mourir　rester,　tomber

　Je **suis allé(e)** à Paris cette année.　　Tu t'**es levé(e)** à quelle heure ce matin ?
164
　Elle **est née** en 2001 à Tokyo.　　Nous nous **sommes couché(e)s** tôt.
　Elles *ne* **sont** pas **arrivées** à l'heure.（×Elles *ne* sont arrivées *pas* à l'heure.）

À écrire

日本語をフランス語にしましょう。

a. わたしの母は昨日の夜、早く寝た。　　　_____

b. 彼女たちはさっき銀行に行った。　　　　_____

c. 先週の月曜日、彼は何をしましたか？　　_____

À écouter

2つの文のうち、聞こえたほうに✓を入れましょう。

a. ☐ Il est mort en 2001.　　　　　　☐ Elle est morte en 2001.

b. ☐ Tu prends des photos ?　　　　　☐ Tu as pris des photos ?

c. ☐ Elle est rentrée tard chez elle.　　☐ Elles sont rentrées tard chez elles.

d. ☐ Elle n'a pas mangé de chocolat.　☐ Elle a mangé du chocolat.

e. ☐ J'ai fini mon petit déjeuner.　　　☐ Je finis mon petit déjeuner.

À imaginer

イラストを見て会話を想像し、自由に（　　　　　　）に書きましょう。できあがったら、近くの人
とやりとりをしましょう。

Alexis : Je suis allé à Paris l'hiver dernier.

Rieko : Tu (　　　　　　　　　　) ?

Alexis : Non, je (　　　　　　　　　　). Mais je / j' (　　　　　　　)

aller à la basilique du Sacré-Cœur

monter à la tour Eiffel

voir l'Arc de triomphe

En tandem !

例を参考にしながら、生年月日について近くの人とやりとりしましょう。

例）*A : Tu es né(e) quand ?*

　　B : Je suis né(e) le 27 août 2004. Et toi, tu es né(e) quand ?

　　A : Je suis né(e) le 1 janvier 2005.

・1日（ついたち）だけは序数詞（p.54参照）を使いle premierと言います。

Écoutez et parlez beaucoup français !

フランス語をたくさん聞いて、話してください！

目標 >>> アドバイスができるようになろう

À observer

会話文をよく観察しましょう。次に音声を何回か聞き、[ ] 内の聞こえたほうの語に○をつけましょう。

A : Je veux parler très bien français, mais je ne sais pas comment faire...

B : [Écoutez / Vous écoutez] et [parlez / vous parlez] beaucoup français !

A : Est-ce que je [peux / dois] continuer à l'étudier ?

B : Oui, évidemment ! Bonne continuation.

A：フランス語を上手に話したいんですが、どうやるのかわかりません…

B：フランス語をたくさん聞いて、話してください！

A：勉強し続けるべきですか？

B：当然です！ がんばって続けてください。

devoir （ ）	
je dois	nous devons
tu dois	vous devez
il / elle doit	ils / elles doivent

savoir （ ）	
je sais	nous savons
tu sais	vous savez
il / elle sait	ils / elles savent

mettre （ ）	
je mets	nous mettons
tu mets	vous mettez
il / elle met	ils / elles mettent

écrire （ ）	
j' écris	nous écrivons
tu écris	vous écrivez
il / elle écrit	ils / elles écrivent

「〜から〜まで」の表現   ・時間、空間ともに使えます。

Il a travaillé **de** 10 heures **à** 17 heures.
J'ai travaillé **depuis** 8 heures.   Tu as travaillé **jusqu'à** 20 heures ?
J'ai pris le Shinkansen **de** Shin-Yokohama **à** Kyoto［**depuis** Shin-Yokohama **jusqu'à** Kyoto］.

「どうやって」「どんな」を尋ねる表現

Elle s'appelle **comment** ?   **Comment** viens-tu à la fac ?（手段・方法）
Sylvie, elle est **comment** ?（様態）

savoir ＋不定詞と pouvoir ＋不定詞

Je ne **sais** pas nager.   わたしは泳げません。
Je ne **peux** pas nager aujourd'hui, j'ai mal au ventre.   今日は泳げません、腹痛なんですよ。

À choisir

1. [   ] 内から適切なほうを選びましょう。　▶▶▶ **1**

a. [Il faut / Il y a] combien de temps pour aller de Nagoya à Kyoto ?

　　– Il [doit / faut] environ 30 minutes en Shinkansen.

b. Voilà la tour Eiffel !　– [Il faut / Il doit] prendre une photo !

c.　Est-ce qu' [il faut / il y a] beaucoup de temples à Nara ?

　　— Oui ! [Il faut / Il y a] aller surtout au Tôdai-ji. C'est magnifique !

2.　[   ] 内から適切なほうを選びましょう。　▶▶▶ **1**

a. Tu n'es pas libre maintenant ?　– Non. Je [devons / dois] faire les courses.

b. [Tu / Il] dois aller chez le médecin !　– Non, ce n'est pas la peine.

c. Il [faut / doit] monter jusqu'à quel étage ?　– Jusqu'au 6ᵉ étage, monsieur.

3.　[   ] 内から適切なほうを選びましょう。

a. Vous [mets / mettez] cette robe ?

　　– Non, je ne [met / mets] pas cette belle robe.

b. Bianca [sais / sait] parler espagnol ?

　　– Non, elle ne sait [pas parler / parler pas] espagnol.

c. Tu veux [nage / nager] en mer ?

　　– Non. Parce que je ne [peux / sais] pas nager.

4.　[   ] 内から適切なほうを選びましょう。　▶▶▶ **2**

a. [Regardes / Regarde] cette fille ! Elle est jolie, non ?　– C'est ma copine.

b. J'ai pris du poids récemment...

　　– Ne [mets / met] pas trop de sucre dans ton café !

c. Le train va partir dans un instant. Vite, vite !

　　— [Attendons / Attendez] une minute !

序数詞　🎧175

1ᵉʳ / 1ᵉʳᵉ premier / première		2ᵉ deuxième, second / seconde	
3ᵉ　troisième	4ᵉ　quatrième	5ᵉ　cinquième	9ᵉ　neuvième
10ᵉ　dixième	11ᵉ　onzième	14ᵉ　quatorzième	18ᵉ　dix-huitième
19ᵉ　dix-neuvième	20ᵉ　vingtième	21ᵉ　vingt et unième	27ᵉ　vingt-septième

le 4ᵉ étage* (　　　)　　　le 21ᵉ siècle (　　　)　le 5ᵉ arrondissement (　　　)

le 1ᵉʳ avril (　　　)　　　la Seconde Guerre mondiale (　　　)

・日本の「2階」は 1ᵉʳ étage、「3階」は 2ᵉ étage となります。1階（地上階）は le rez-de-chaussée (RDC) と言います。

54

À communiquer

1. 質問文に対応する応答文を見つけて線で結び、近くの人とやりとりをしましょう。　(176)

a. Vous connaissez mon adresse e-mail ?　　　　　**d.** Non, je ne sais pas le lire.

b. Vous savez lire le japonais ?　　　　　　　　**e.** Si, je sais l'écrire naturellement !

c. Tu ne sais pas écrire ce Kanji ?　　　　　　　**f.** Non, je ne la connais pas.

2. アドバイスにふさわしい動詞を（　　）に入れ、近くの人とやりとりをしましょう。　▶▶▶ **1 2**

a. Je veux parler très bien français... – Tu (　　　　　　) l'étudier tous les jours.　(177)

b. Je ne vais pas bien depuis ce matin...

　　　– (　　　　　　) à l'hôpital tout de suite !【aller / vousに対して】

c. Je voudrais aller de Tokyo à Kyoto... – Il (　　　　) prendre le Shinkansen.

3. 【　】で指示された動詞を命令形にして（　）に入れ、近くの人とやりとりをしま　▶▶▶ **2**
しょう。

(178)

a. (　　　　　) votre nom, s'il vous plaît.

　　　– D'accord. Je peux l'écrire ici ?【écrire / vousに対して】

b. Je voudrais aller aux toilettes...

　　　– (　　　　　) l'escalier, monsieur. Elles sont au 4ᵉ étage.

　　　　　　　　　　　　　　　　　　　　　　　【descendre / vousに対して】

c. Je suis très fatiguée. J'ai envie de*dormir...　　　* avoir envie de +不定詞？：～したい

　　　– (　　　　　　) en classe !【ne pas dormir / tuに対して】

---

1 非人称構文 il faut

(179)

Il faut ＋不定詞　「～しなければならない」　***Il faut*** prendre un taxi.

Il faut ＋時間　　「（時間が）～かかる」　***Il faut*** une heure pour aller de Tokyo à Yokohama.

・〈 Il faut ＋不定詞 〉を否定形にすると禁止表現になります。**Il ne faut pas** sortir !　**Il ne faut pas** fumer ici !

2 命令法

(180)

平叙文		肯定命令形	否定命令形
~~Tu~~ sors.	→	**Sors !**	*Ne* **sors** *pas* !
~~Nous~~ sortons.	→	**Sortons !**	*Ne* **sortons** *pas* !
~~Vous~~ sortez.	→	**Sortez !**	*Ne* **sortez** *pas* !

・話し相手に対して「命令」するわけですから、tu, nous, vousの活用しかありません。

・–er動詞とallerのtuに対する命令形は、活用語尾のsを削除します。

　~~Tu~~ fermes la porte. → **Ferme** la porte !　　　~~Tu~~ vas vite. → **Va** vite !

・êtreとavoirの命令形は、下記のように特殊な形なので注意しましょう。

	(tu)	(nous)	(vous)	
être	**sois**	**soyons**	**soyez**	*Sois* calme !
avoir	**aie**	**ayons**	**ayez**	N'*ayez* pas peur !

À écrire

日本語をフランス語にしましょう。

a. 僕はすぐに家に帰らなきゃならない。　＿＿＿＿＿＿＿＿＿＿＿＿＿＿＿

b. この写真を見てくれよ！　＿＿＿＿＿＿＿＿＿＿＿＿＿＿＿

c. 階段を降りてください、そして右に曲がって
   ください。　　・右に曲がる：tourner à droite　＿＿＿＿＿＿＿＿＿＿＿＿＿＿＿

À écouter

2つの文のうち、聞こえたほうに✓を入れましょう。　🎧 182

a. ☐ Tournez à gauche.   ☐ Tournons à gauche.

b. ☐ Allez tout droit.   ☐ Allons tout droit.

c. ☐ Mets un manteau !   ☐ Mettez un manteau !

d. ☐ Sois gentil avec lui.   ☐ Soyez gentil avec lui.

e. ☐ N'aie pas peur !   ☐ N'ayez pas peur !

À imaginer

イラストを見て会話を想像し、自由に（　　　　　　　　）に書きましょう。できあがったら、近くの人
とやりとりをしましょう。

Takeshi : J'ai pris 5 kilos pendant les vacances...

Irène : Alors, (　　　　　　　　) tous les jours !

Takeshi : Non, ce n'est pas possible !

nager   faire un régime   faire du jogging

En tandem !

〈 devoir ＋不定詞 〉を否定形にすると「〜してはいけない」という禁止表現になります。以下の
3つのシチュエーションから1つを選び、例を参考にしながら、この課で習った表現を使ってアド
バイスしてみましょう。　🎧 183

　①Je ne vais pas bien... 　　②J'ai pris du poids... 　　③Je ne veux pas étudier...

例）A : Je ne vais pas bien...

　　B : Prenez des médicaments ! / Tu dois rester à la maison. /

　　　Tu ne dois pas sortir aujourd'hui. / Il ne faut pas sortir aujourd'hui.

単語リスト

この教科書で使う単語をアルファベ順にまとめてあります。品詞の凡例は下記の通りです。

冠 冠詞　　男 男性名詞　　女 女性名詞　　名 名詞　　固有 固有名詞　　複 複数形

代 代名詞　　動 動詞　　代動 代名動詞　　形 形容詞　　副 副詞　　数 数詞

前 前置詞　　接 接続詞　　疑 疑問詞　　間投 間投詞　　前句 前置詞句

A

à 前　～に、～へ、～が入った
acteur 男　俳優
actif / active 形　活動的な
actuel / actuelle 形　現在の
adorer 動　大好きである
adresse 女　住所、アドレス
Afrique 女　アフリカ
âge 男　年齢
âgé / âgée 形　歳をとった
ah 間投　ああ
　　ah bon　あ、そう
aimer 動　～が好きである
Algérie 女　アルジェリア
algérien / algérienne 形　アルジェリア(人)の
Allemagne 女　ドイツ
allemand 男　ドイツ語
allemand / allemande 形　ドイツ(人)の
aller 動　行く
　　aller à...　(～は)…に似合う、似合っている
　　aller bien　体の調子がいい、元気だ
alors 副　じゃあ、では
américain / américaine 形　アメリカ(人)の
ami 名　友だち
amical / amicale 形　好意的な
amour 男　愛
an 男　(～)歳
ancien / ancienne 形　古い
anglais 男　英語
anglais / anglaise 形　イギリス(人)の
Angleterre 女　イギリス
animateur / animatrice 名　司会者
année 女　一年
anniversaire 男　誕生日、記念日
août 男　8月
appartement 男　アパルトマン、マンション
(s')appeler 代動　～という名前である
après 前　～のあとに / で
　　　副　そのあとに、それから
après-demain 副　明後日に
après-midi 男　午後
arabe 男　アラビア語
arbre 男　木

B (right column top)

Arc de triomphe (de l'Étoile) 男　(エトワール)
　凱旋門
arc-en-ciel 男　虹
argent 男　お金
arriver 動　到着する
arrondissement 男　区
artiste 名　アーティスト
attendre 動　待つ
au / aux 前　前置詞 à+le, les の縮約
　　au revoir　さようなら
aujourd'hui 副　今日
aussi 副　同じく、～もまた
automne 男　秋
avant-hier 副　一昨日に
avec 前　～と一緒に
　　avec plaisir !　喜んで！
avenue 女　通り
　　avenue des Champs-Élysées　シャンゼリゼ通り
avis 男　意見
　　à mon avis　わたしの意見（考え）では
avoir 動　持つ、持っている
avril 男　4月

B

baguette 女　バゲットパン
bain 男　入浴、風呂
banane 女　バナナ
banque 女　銀行
basilique 女　大聖堂
　　basilique du Sacré-Cœur　サクレ=クール大聖
　　堂
baskets 男 女 複　バスケットシューズ
bavard / bavarde 形　おしゃべりな
beau / belle 形　美しい
beaucoup 副　とても、大いに
　　beaucoup de + 無冠詞名詞　たくさんの～
Belgique 女　ベルギー
beurre 男　バター
bibliothèque 女　図書館
bien 副　よく、上手に
bientôt 副　まもなく、近いうちに
　　à bientôt　またね
bière 女　ビール

bistro 男　ビストロ（カジュアルなレストラン）

blanc / blanche 形　白い

bleu / bleue 形　青い

blond / blonde 形　金髪の

boire 動　飲む

bon / bonne 形　よい、おいしい

bonbon 男　キャンディー、飴

bonjour 男　こんにちは

bonsoir 男　こんばんは

Bouddha 男　仏陀
　　grand Bouddha　大仏

bruit 男　音

bus 男　バス

C

c'est / ce sont　これは〜です

ça 代　これ
　　ça te dit de〜?　〜しませんか？
　　ça va ?　元気？

cadeau 男　プレゼント

café 男　コーヒー、喫茶店

calme 形　静かな、穏やかな

Canada 男　カナダ

carte 女　カード

ce / cet / cette / ces 形　〔指示形容詞〕その〜、この〜、あの〜

cent 数　100

cent cinq 数　105

cent dix 数　110

cent un 数　101

chaise 女　椅子

chambre 女　寝室、部屋

chanson 女　歌

chanter 動　歌う

charmant / charmante 形　魅力的な、すてきな

chat 男　猫

château 男　城

chaud 男　暑さ

chaud / chaude 形　暑い、熱い

chaussures 女複　靴

chef 男　シェフ、チーフ

chemise 女　ワイシャツ

cher / chère 形　愛しい、高価な

chercher 動　探す

cheveux 男複　髪

chez 前　〜の家で、〜のところに

chien 名　犬

Chine 女　中国

chinois 男　中国語

chinois / chinoise 形　中国（人）の

chocolat 男　チョコレート
　　chocolat chaud　ホットチョコレート、ココア

chose 女　もの、こと

chou 男　キャベツ

cinéma 男　映画館、（ジャンルとしての）映画

cinq 数　5

cinquante 数　50

cinquante et un 数　51

cinquante-huit 数　58

cinquante-neuf 数　59

cinquième 形　5番目の

citron 男　レモン

classe 女　クラス

classique 形　クラシックの、古典的な

coca 男　コカ・コーラ

cœur 男　心

cognac 男　コニャック

combien 疑　いくつ、いくら
　　combien de + 無冠詞名詞　どれだけの〜、どれくらいの〜

comment 疑　どうやって、どのように、どんな

comprendre 動　理解する、わかる

concert 男　コンサート

confiture 女　ジャム

connaître 動　知る

content / contente 形　うれしい、満足した

continuation 女　継続

continuer 動　〜を続ける

contrôleur 名　検査員、車掌

copain 男　友だち、ボーイフレンド

copine 女　友だち、ガールフレンド

côté 男　側
　　à côté de　〜の横に、〜のそばに

(se) coucher 代動　横たわる、寝る

courageux / courageuse 形　勇気のある、勇敢な

cours 男　授業

courses 女複　買い物

coûter 動　値段が〜する

cravate 女　ネクタイ

crème 女　クリーム

crêpe 女　クレープ

croissant 男　クロワッサン

cuisine 女　キッチン、料理

cuisinier / cuisinière 名　料理人

D

d'accord　了解する、同意する

d'habitude　ふだんは、普通は

dans 前　〜の中に

danse 女　ダンス

de 前　〜の、〜から

de 冠　否定のde、不定冠詞desからの変化

décembre 男　12月

degré 男　（温度の）度

déjà 副 すでに
déjeuner 動 昼食をとる
demain 副 明日
demi / demie 形 半分の、〜半
dent 女 歯
depuis 前 〜以来、〜から
dernier / dernière 形 この前の、最後の、先〜
derrière 前 〜のうしろに
des 冠 〔不定冠詞複数〕いくつかの〜
descendre 動 降りる、下る
désert 男 砂漠
désolé / désolée 形 すまなく思う
dessert 男 デザート
deux 数 2
deux cents 数 200
deux mille trois 数 2003
deux mille un 数 2001
deux mille vingt-deux 数 2022
deuxième 形 2番目の
devant 前 〜の前に〔場所〕
devoir 男 宿題、課題
devoir 動 〜すべきだ
dimanche 男 日曜日
dîner 動 夕食をとる
dire 動 言う
dix 数 10
dix mille 数 10000
dix-huit 数 18
dix-huitième 形 18番目の
dix-neuf 数 19
dix-neuvième 形 19番目の
dix-sept 数 17
dixième 形 10番目の
dormir 動 寝る、眠る
douche 女 シャワー
doux / douce 形 温かい、暖かい
douze 数 12
droite 女 右
　à droite 右に
　à droite de... 〜の右に
du / de la / de l' 冠 〔部分冠詞〕ある量の〜
dynamique 形 活動的な

E

e-mail 男 電子メール
eau 女 水
école 女 学校
écouter 動 聞く
écrire 動 書く
égalité 女 平等
élégant / élégante 形 上品な、優美な
élève 名 生徒

elle 代 〔主語〕彼女は、それは
　代 〔強勢形〕彼女
elles 代 〔主語〕彼女たちは、それらは
　代 〔強勢形〕彼女たち
employé / employée 名 従業員、会社員
en 前 〜に、〜へ、〜で
enchanté / enchantée 形 はじめまして
enfant 名 子供
ensemble 副 一緒に
entendre 動 聞こえる、聞く
entrer 動 入る
envie 女 欲求、願望
　avoir envie de + 不定詞 〜したい
environ 副 およそ
escalier 男 階段
Espagne 女 スペイン
espagnol 男 スペイン語
espagnol / espagnole 形 スペイン（人）の
essayer 動 〜を試着する、〜を試す
est-ce que 副 疑問文で用いる表現
estomac 男 胃
et 接 〜と、そして
étage 男 階
États-Unis 男 複 アメリカ合衆国
été 男 夏
être 動 〜だ、〜である
étudiant / étudiante 名 学生
étudier 動 勉強する、学ぶ
euh 間投 うーん、えーっと
euro 男 ユーロ
Europe 女 ヨーロッパ
eux 代 〔強勢形〕彼ら
évidemment 副 もちろん、当然
exactement 副 そのとおり、まさしく
examen 男 試験
excusez-moi すみません

F

fac 女 大学
facile 形 簡単な
faim 女 空腹
faire 動 する、つくる
falloir 動 〔非人称表現〕il faut : 〜しなければなら
　ない、（時間が）〜かかる
famille 女 家族
fatigué / fatiguée 形 疲れた
femme 女 妻、女性
fenêtre 女 窓
fermer 動 閉める
février 男 2月
fille 女 少女、娘
film 男 （作品としての）映画

fils 男 息子
finir 動 終わる、終える
fleur 女 花
flûte 女 フルート
fonctionnaire 名 公務員
foot 男 サッカー
formidable 形 素晴らしい、すごくいい
foyer 男 家庭
　femme au foyer 女 専業主婦
　homme au foyer 男 専業主夫
frais / fraîche 形 涼しい、新鮮な
fraise 女 イチゴ
français 男 フランス語
français / française 形 フランス（人）の
France 女 フランス
fraternité 女 友愛
frère 男 兄、弟
frites 女複 フライドポテト
froid 男 寒さ
froid / froide 形 寒い、冷たい
fromage 男 チーズ
fumer 動 タバコを吸う

G

Galeries Lafayette 固有 ギャルリー・ラファイ
　エット（デパート名）
gants 男複 手袋
garçon 男 男の子、少年、若い男性
gare 女 駅
gâteau 男 ケーキ、菓子
gauche 女 左
　à gauche 左に
　à gauche de... 〜の左に
général 男 一般、普通
　en général 一般に、普通
gentil / gentille 形 親切な
grand / grande 形 大きい
grave 形 重大な
gros / grosse 形 太った

H

(s')habiller 代動 服を着る
habiter 動 住む
haïku 男 俳句
haut / haute 形 高い
héros 男 ヒーロー
heure 女 （〜）時
　à l'heure 時間どおりに
heureux / heureuse 形 幸せな
hexagone 男 六角形
hier 副 昨日
histoire 女 歴史、話（物語）

hiver 男 冬
homme 男 男、人
hôpital 男 病院
hôtel 男 ホテル
huile 女 オイル、油
huit 数 8
huit cent dix 数 810

I

ici 副 ここでは、ここに
idée 女 アイデア、考え
　bonne idée！ いいね！
il 代 〔主語〕彼は、それは
　il y a 〔非人称構文〕〜がある
île 女 島
ils 代 〔主語〕彼らは、それらは
important / importante 形 重要な
informaticien / informaticienne 名 情報処理技
　術者
ingénieur / ingénieure 名 エンジニア、技術者
　ingénieur système 名 システムエンジニア
instant 男 瞬間、一瞬
　dans un instant すぐに、まもなく
intelligent / intelligente 形 頭のいい
Internet 男 インターネット
Iran 男 イラン
Italie 女 イタリア

J

janvier 男 1月
Japon 男 日本
japonais 男 日本語
japonais / japonaise 形 日本（人）の
jaune 形 黄色の
je 代 〔主語〕わたしは
jean 男 ジーンズ、デニム
jeudi 男 木曜日
jeune 形 若い
jeux 男複 ゲーム
　jeux vidéo テレビゲーム
jogging 男 ジョギング
joli / jolie 形 きれいな
jouer 動 （スポーツを）する、遊ぶ、試合をする
jour 男 日、曜日
juillet 男 7月
juin 男 6月
jupe 女 スカート
jus 男 ジュース
jusqu'à 前句 〜まで

K

kilo 男 キログラム

L

la 代〔目的語〕彼女を、それを

là 副 そこ、あそこ

là-bas 副 向こうに、あそこで

lait 男 牛乳、ミルク

   café au lait カフェオレ

lampe 女 ランプ

langue 女 言語

le 代〔目的語〕彼を、それを

le / la / l' / les 冠〔定冠詞〕その〜、〜というもの

leçon 女 レッスン、課

lecture 女 読書

les 代〔目的語〕彼らを、彼女たちを、それらを

leur 代〔目的語〕彼らに、彼女たちに

leur / leurs
形〔所有形容詞〕彼らの、彼女たちの、それらの

(se) lever 代動 起きる

liberté 女 自由

libre 形 自由な

lire 動 読む、読書する

livre 男 本

loin 形 遠い

   loin de... 〜から（〜の）遠くに

Londres 固有 ロンドン

lui 代〔強勢形〕彼

lui 代〔目的語〕彼に、彼女に

lundi 男 月曜日

lunettes 女複 眼鏡

M

macaron 男 マカロン

madame 女 マダム、〜夫人、奥さん

mademoiselle 女 マドモアゼル、お嬢さん

magasin 男 店

   grand magasin 男 デパート

magnifique 形 素晴らしい

mai 男 5月

maintenant 副 今、現在

mairie 女 市役所

mais 接 しかし

maison 女 家

mal 男 痛み

   avoir mal à... 〜が痛い

mandarine 女 みかん

manga 男 漫画

manger 動 食べる

manteau 男 コート

(se) maquiller 代動 化粧をする

marcher 動 歩く

mardi 男 火曜日

Maroc 男 モロッコ

marocain / marocaine 形 モロッコ（人）の

mars 男 3月

match 男 試合

matin 男 朝

mauvais / mauvaise 形 悪い、まずい

me 代〔目的語〕わたしを、わたしに

médecin 名 医者

médicament 男 薬

meilleur / meilleure 形〔bonの優等比較級〕よりよい

melon 男 メロン

mer 女 海

merci 間投 ありがとう

mercredi 男 水曜日

mère 女 母

météo 女 天気予報

métro 男 地下鉄

mettre 動 置く、身につける

Mexique 男 メキシコ

midi 男 正午

mille 数 1000

mille neuf cent soixante-huit 数 1968

mille sept cent quatre-vingt-neuf 数 1789

mince 形 ほっそりした、痩せた

minuit 男 夜中の0時

minute 女 分

moi 代〔強勢形〕わたし

moins 副 より少なく

mon / ma / mes 形〔所有形容詞〕わたしの

monde 男 人々、世界

monsieur 男 ムッシュー、〜氏

mont 男 （固有名詞を伴って）〜山

   mont Fuji 富士山

montagne 女 山

monter 動 上る、登る

mourir 動 死ぬ

musée 男 美術館、博物館

   musée d'Orsay オルセー美術館

   musée du Louvre ルーヴル美術館

   musée Picasso ピカソ美術館

musique 女 音楽

mystère 男 謎

N

nager 動 泳ぐ

naître 動 生まれる

natation 女 水泳

nationalité 女 国籍

naturellement 副 当然

ne... jamais 副 決して〜ない

ne... pas 副〔否定表現〕〜ない

ne... pas beaucoup あまり〜ない

ne... pas du tout 全然（まったく）〜ない

ne... rien 何も〜ない

neiger 動 〔非人称構文〕 il neige：雪が降る
neuf 数 9
neuf mille neuf cent quatre-vingt-dix-neuf 数 9999
neuvième 形 9番目の
Noël 男 クリスマス
noir / noire 形 黒い
noisette 形 淡褐色の
　café noisette　ミルクの入ったコーヒー
nom 男 名前
nombre 男 数
non 副 いいえ
non merci 間投 いえ、結構です
notre / nos 形 〔所有形容詞〕 わたしたちの
nous 代 〔主語〕 わたしたちは 〔強勢形〕 わたしたち
　〔目的語〕 わたしたちを、わたしたちに
novembre 男 11月
nuage 男 雲

O

occupé / occupée 形 忙しい
octobre 男 10月
œil 男 目
œuf 男 卵
offrir 動 あげる、贈る
oh là là 間投 おやおや、やれやれ
oiseau 男 鳥
olive 女 オリーブの実
　huile d'olive 女 オリーブオイル
on 代 わたしたちは、人々は、誰かが
onze 数 11
onzième 形 11番目の
ordinateur 男 パソコン
original / originale 形 独創的な
où 疑 どこ、どこに
oui 副 はい
ouvrir 動 開ける

P

page 女 ページ
pain 男 パン
pantalon 男 ズボン、パンツ
parce que 接 なぜなら
pardon すみません
parents 男複 両親
Paris 固有 パリ
parking 男 駐車場
parler 動 話す
partir 動 出発する
pâtissier / pâtissière 名 菓子職人、パティシエ
Pays-Bas 男複 オランダ
peine 女 心痛、苦労

ce n'est pas la peine　その必要はない、それには及ばない
peintre 名 画家
peinture 女 絵画
pendant 前 ～の間に
père 男 父
personne 女 人
peser 動 ～の重さがある
petit / petite 形 小さい、小さな
petit déjeuner 男 朝食
peu 副 少し、ほとんど～ない
　un peu　少し
peur 女 恐怖
　avoir peur　怖い、心配だ
peut-être 副 たぶん、おそらく
Philippines 女複 フィリピン
photo 女 写真
piano 男 ピアノ
pied 男 足
place 女 広場、場所、席
place de la Concorde 女 コンコルド広場
plaire à 動 ～は（主語が）気に入っている、好きだ
pleuvoir 動 〔非人称構文〕 il pleut：雨が降る
plus 副 より多く
poids 男 体重、重さ
poison 男 毒
poisson 男 魚
pomme 女 リンゴ
populaire 形 人気のある
portable 男 携帯電話
porte 女 ドア、戸
porter 動 持つ、着ている
Portugal 男 ポルトガル
possible 形 可能な
poste 女 郵便局
pour 前 ～のために
pourquoi 疑 なぜ
pourquoi pas？　いいね！
pouvoir 動 ～できる
pratique 形 便利な
préférer 動 より好む
premier / première 形 第1番目の、最初の
prendre 動 取る、つかむ、乗る、食べる、飲む
près 副 近くに
　près de...　～の近くに
printemps 男 春
problème 男 問題
prochain / prochaine 形 次の、来～
professeur 名 教師、先生
profession 女 職業
(se) promener 代動 散歩する

sommeil 男 眠気

son / sa / ses 形 〔所有形容詞〕彼の、彼女の、それの

sonner 動 呼び鈴（ベル）を鳴らす、（～が）鳴る

sortir 動 出る、外出する

soupe 女 スープ

sous 前 ～の下に

souterrain / souterraine 形 地下の

sport 男 スポーツ

sportif / sportive 形 スポーツの、スポーツ好きな

style 男 スタイル

stylo 男 ボールペン

sucre 男 砂糖

Suisse 女 スイス

super ! 形 最高だね！　素晴らしいね！

sur 前 ～の上に、～について

sûr / sûre 形 確かな

surfer 動 サーフィンをする

surtout 副 とりわけ、特に

sushi 男 寿司

symbole 男 象徴

sympathique 形 感じのいい

T

T-shirt 男 Tシャツ

table 女 テーブル

tableau 男 絵、絵画

Taïwan 固有 台湾

tard 副 遅く

tarte 女 タルト

taxi 男 タクシー

te 代 〔目的語〕君に、君を

télé 女 テレビ

téléphoner 動 電話をかける

temple 男 寺院

temps 男 時間、天気

tennis 男 テニス

tête 女 頭

thé 男 茶、紅茶

théâtre 男 演劇、劇場

thème 男 テーマ

titre 男 タイトル

toi 代 〔強勢形〕君

toilettes 女複 トイレ

tomate 女 トマト

tomber 動 落ちる、転ぶ

ton / ta / tes 形 〔所有形容詞〕君の

tôt 副 早く

toujours 副 いつも、常に

tour 女 塔、タワー

tour de Tokyo 女 東京タワー

tour Eiffel 女 エッフェル塔

tourner 動 曲がる

tous 形 すべての

tous les jours 毎日

tout 副 まったく

tout à l'heure さっき

tout de suite すぐに、ただちに

tout droit まっすぐに

train 男 電車

travail 男 仕事

treize 数 13

trente 数 30

trente et un 数 31

trente-huit 数 38

trente-quatre 数 34

très 副 とても

trois 数 3

troisième 形 第3番目の

trop 副 ～過ぎる、あまりに

trop de + 無冠詞名詞 あまりに多くの～

tu 代 〔主語〕君は

U

UE 女 EU

un 数 1

un / une 冠 〔不定冠詞〕ひとつの、ある

unique 形 唯一の、単一の

université 女 大学

V

vacances 女複 ヴァカンス、長期休暇

vélo 男 自転車、サイクリング

vendeur / vendeuse 名 店員

vendredi 男 金曜日

venir 動 来る

Venise 固有 ヴェネチア、ヴェニス

vent 男 風

ventre 男 お腹

vérité 女 本当のこと、真実

vert / verte 形 緑色の

veste 女 上着、ジャケット

vieux / vieille 形 古い、年寄りの

vin 男 ワイン

vingt 数 20

vingt et un 数 21

vingt et unième 数 21番目の

vingt-deux 数 22

vingt-septième 形 27番目の

vingt-six 数 26

vingt-trois 数 23

vingtième 数 20番目の

visiter 動 訪れる

vite 副 速く

voilà （手渡しながら）どうぞ、ここに～がある

voir 動 見える、見る、会う、わかる

(se) voir 代動 会う

voiture 女 自動車

volontiers！副 喜んで！ もちろん！

votre / vos 形 〔所有形容詞〕あなたの、あなたがた
　の

vouloir 動 ～したい、～を望む
　je voudrais... ～が欲しいんですが

vous 代 〔主語〕あなたは、あなたがたは
　〔強勢形〕あなた、あなたがた
　〔目的語〕あなた（がた）に、あなた（がた）を

voyage 男 旅行

voyager 動 旅行する

vrai / vraie 形 本当の

vraiment 副 本当に

W

week-end 男 週末

Y

yen 男 円

Z

zéro 数 0

著者紹介

余語毅憲（よご たけのり）
青山学院大学、法政大学、明治大学ほか非常勤講師。

アン・タンデム！

2022 年 2 月 1 日　印刷
2022 年 2 月 10 日　発行

著　者 ©余　語　毅　憲
発行者　及　川　直　志
印刷所　株　式　会　社　三　秀　舎

〒101-0052 東京都千代田区神田小川町 3 の 24
電話 03-3291-7811（営業部），7821（編集部）　株式会社白水社
www.hakusuisha.co.jp
乱丁・落丁本は送料小社負担にてお取り替えいたします。

振替　00190-5-33228　　　Printed in Japan　　　誠製本株式会社
ISBN978-4-560-06146-6

ディコ仏和辞典（新装版）

中條屋 進／丸山義博／G. メランベルジェ／吉川一義 [編]

定評ある学習辞典. 語数 35000. カナ発音付. 和仏も充実.
（2色刷）B 6変型 1817頁 定価 4070 円（本体 3700 円）

パスポート初級仏和辞典（第3版）

内藤陽哉／玉田健二／C. レヴィ アルヴァレス [編]
超ビギナー向け, いたれりつくせりの入門辞典. 語数 5000. カナ発音付. カット多数. （2色刷）
B 6判 364頁 定価 2860 円（本体 2600 円）【シングルCD付】

パスポート仏和・和仏小辞典 第2版

内藤陽哉／玉田健二／C. レヴィ アルヴァレス [編]
語数仏和 20000+ 和仏 8000. カナ発音付.
（2色刷）B 小型 701頁 定価 2750 円（本体 2500 円）

入門書

ニューエクスプレスプラス フランス語

東郷雄二 [著] 【CD付】
（2色刷）A 5判 159頁 定価 2090 円（本体 1900 円）

フラ語入門、わかりやすいにもホドがある！[改訂新版] 【CD付】

清岡智比古 [著] 楽しく学べる入門書.
（2色刷）A 5判 197頁 定価 1760 円（本体 1600 円）

ひとりでも学べるフランス語

中村敦子 [著] 【音声アプリあり】
丁寧な説明, 「わかった！」という実感.
（2色刷）A 5判 190頁 定価 2310 円（本体 2100 円）

フランス語の ABC [新版]

数江譲治 [著] 一生モノのリファレンス.
四六判 274頁 定価 2420 円（本体2200 円）

アクション！ フランス語 A1

根木昭英／野澤督／G. ヴェスィエール [著]
ヨーロッパスタンダード. 【音声ダウンロードあり】
（2色刷）A 5判 151頁 定価 2420 円（本体2200 円）

発音／リスニング

はじめての声に出すフランス語

高岡優希／ジャン=ノエル・ポレ／富本ジャニナ [著]
語学の独習は最初が肝心！ 【CD付】
A 5判 108頁 定価 1980 円（本体1800 円）

やさしくはじめるフランス語リスニング

大塚陽子／佐藤クリスティーヌ [著]
リスニングのはじめの一歩を 【音声アプリあり】
（一部 2色刷）A 5判 117頁 定価 2310 円（本体 2100 円）

サクサク話せる！ フランス語会話

フローラン・ジレル・ボニニ [著]【音声アプリあり】
A 5判 146頁 定価 2530 円（本体 2300 円）

問題集

1日5題文法ドリル つぶやきのフランス語

田中善英 [著] 日常生活で使える 1500 題
四六判 247頁 定価 2090 円（本体1900 円）

フランス文法はじめての練習帳

中村敦子 [著] まずはこの一冊をやりきろう！
A 5判 186頁 定価 1760 円（本体 1600 円）

15日間フランス文法おさらい帳 [改訂版]

中村敦子 [著] ドリル式で苦手項目を克服！
A 5判 163頁 定価 1980 円（本体 1800 円）

仏検対策 5級問題集 三訂版 【CD付】

小倉博史／モーリス・ジャケ／舟杉真一 [編著]
A 5判 127頁 定価 1980 円（本体 1800 円）

仏検対策 4級問題集 三訂版 【CD付】

小倉博史／モーリス・ジャケ／舟杉真一 [編著]
A 5判 147頁 定価 2090 円（本体 1900 円）

単語集／熟語集

《仏検》3・4級必須単語集（新装版）【CD付】

久松健一 [著] 基礎語彙力養成にも最適！
四六判 234頁 定価 1760 円（本体 1600 円）

例文で覚えるフランス基本単語2600

内藤陽哉／玉田健二／モーリス・ジャケ [著]
（2色刷）四六判 293頁 定価 2640 円（本体 2400 円）

DELF B1・B2 対応
フランス語単語トレーニング

モーリス・ジャケ／舟杉真一／服部悦子 [著]
四六判 202頁 定価 2860 円（本体 2600 円）

例文で覚えるフランス語熟語集

モーリス・ジャケ／舟杉真一／中山智子 [著]
四六判 213頁 定価 2200 円（本体 2000 円）

動詞活用

フランス語動詞活用ドリル虎の穴

岩根久 [著] 折って覚えるドリル.
新書判 148頁 定価 1650 円（本体 1500 円）

徹底整理フランス語 動詞のしくみ

高橋信良／久保田剛史 [著] 【MP3 CD-ROM付】
基本動詞55の全活用パターンと全音源収録！
（2色刷）A 5判 134頁 定価 2090 円（本体1900 円）

動 詞 活 用 表

1 avoir	18 écrire	35 pouvoir
2 être	19 employer	36 préférer
3 aimer	20 envoyer	37 prendre
4 finir	21 faire	38 recevoir
5 acheter	22 falloir	39 rendre
6 aller	23 fuir	40 résoudre
7 appeler	24 lire	41 rire
8 asseoir	25 manger	42 savoir
9 battre	26 mettre	43 suffire
10 boire	27 mourir	44 suivre
11 conduire	28 naître	45 vaincre
12 connaître	29 ouvrir	46 valoir
13 courir	30 partir	47 venir
14 craindre	31 payer	48 vivre
15 croire	32 placer	49 voir
16 devoir	33 plaire	50 vouloir
17 dire	34 pleuvoir	

不定法	直　　説　　法			
① avoir 現在分詞 ayant 過去分詞 eu [y]	**現　在** j'　ai [e] tu　as il　a nous avons vous avez ils　ont	**半　過　去** j'　avais tu　avais il　avait nous avions vous aviez ils　avaient	**単　純　過　去** j'　eus [y] tu　eus il　eut nous eûmes vous eûtes ils　eurent	**単　純　未　来** j'　aurai tu　auras il　aura nous aurons vous aurez ils　auront
	複　合　過　去 j'　ai　eu tu　as　eu il　a　eu nous avons eu vous avez eu ils　ont eu	**大　過　去** j'　avais　eu tu　avais　eu il　avait　eu nous avions eu vous aviez eu ils　avaient eu	**前　過　去** j'　eus　eu tu　eus　eu il　eut　eu nous eûmes eu vous eûtes eu ils　eurent eu	**前　未　来** j'　aurai　eu tu　auras　eu il　aura　eu nous aurons eu vous aurez eu ils　auront eu
② être 現在分詞 étant 過去分詞 été	**現　在** je　suis tu　es il　est nous sommes vous êtes ils　sont	**半　過　去** j'　étais tu　étais il　était nous étions vous étiez ils　étaient	**単　純　過　去** je　fus tu　fus il　fut nous fûmes vous fûtes ils　furent	**単　純　未　来** je　serai tu　seras il　sera nous serons vous serez ils　seront
	複　合　過　去 j'　ai　été tu　as　été il　a　été nous avons été vous avez été ils　ont été	**大　過　去** j'　avais　été tu　avais　été il　avait　été nous avions été vous aviez été ils　avaient été	**前　過　去** j'　eus　été tu　eus　été il　eut　été nous eûmes été vous eûtes été ils　eurent été	**前　未　来** j'　aurai　été tu　auras　été il　aura　été nous aurons été vous aurez été ils　auront été
③ aimer 現在分詞 aimant 過去分詞 aimé **第1群 規則動詞**	**現　在** j'　aime tu　aimes il　aime nous aimons vous aimez ils　aiment	**半　過　去** j'　aimais tu　aimais il　aimait nous aimions vous aimiez ils　aimaient	**単　純　過　去** j'　aimai tu　aimas il　aima nous aimâmes vous aimâtes ils　aimèrent	**単　純　未　来** j'　aimerai tu　aimeras il　aimera nous aimerons vous aimerez ils　aimeront
	複　合　過　去 j'　ai　aimé tu　as　aimé il　a　aimé nous avons aimé vous avez aimé ils　ont aimé	**大　過　去** j'　avais　aimé tu　avais　aimé il　avait　aimé nous avions aimé vous aviez aimé ils　avaient aimé	**前　過　去** j'　eus　aimé tu　eus　aimé il　eut　aimé nous eûmes aimé vous eûtes aimé ils　eurent aimé	**前　未　来** j'　aurai　aimé tu　auras　aimé il　aura　aimé nous aurons aimé vous aurez aimé ils　auront aimé
④ finir 現在分詞 finissant 過去分詞 fini **第2群 規則動詞**	**現　在** je　finis tu　finis il　finit nous finissons vous finissez ils　finissent	**半　過　去** je　finissais tu　finissais il　finissait nous finissions vous finissiez ils　finissaient	**単　純　過　去** je　finis tu　finis il　finit nous finîmes vous finîtes ils　finirent	**単　純　未　来** je　finirai tu　finiras il　finira nous finirons vous finirez ils　finiront
	複　合　過　去 j'　ai　fini tu　as　fini il　a　fini nous avons fini vous avez fini ils　ont fini	**大　過　去** j'　avais　fini tu　avais　fini il　avait　fini nous avions fini vous aviez fini ils　avaient fini	**前　過　去** j'　eus　fini tu　eus　fini il　eut　fini nous eûmes fini vous eûtes fini ils　eurent fini	**前　未　来** j'　aurai　fini tu　auras　fini il　aura　fini nous aurons fini vous aurez fini ils　auront fini

条　件　法	接　　続　　法		命　令　法

条件法 / 接続法 / 命令法

条件法 現在	接続法 現在	接続法 半過去	命令法
j' aurais	j' aie [ε]	j' eusse	
tu aurais	tu aies	tu eusses	aie
il aurait	il ait	il eût	
nous aurions	nous ayons	nous eussions	ayons
vous auriez	vous ayez	vous eussiez	ayez
ils auraient	ils aient	ils eussent	

条件法 過去	接続法 過去	接続法 大過去	
j' aurais eu	j' aie eu	j' eusse eu	
tu aurais eu	tu aies eu	tu eusses eu	
il aurait eu	il ait eu	il eût eu	
nous aurions eu	nous ayons eu	nous eussions eu	
vous auriez eu	vous ayez eu	vous eussiez eu	
ils auraient eu	ils aient eu	ils eussent eu	

条件法 現在	接続法 現在	接続法 半過去	命令法
je serais	je sois	je fusse	
tu serais	tu sois	tu fusses	sois
il serait	il soit	il fût	
nous serions	nous soyons	nous fussions	soyons
vous seriez	vous soyez	vous fussiez	soyez
ils seraient	ils soient	ils fussent	

条件法 過去	接続法 過去	接続法 大過去	
j' aurais été	j' aie été	j' eusse été	
tu aurais été	tu aies été	tu eusses été	
il aurait été	il ait été	il eût été	
nous aurions été	nous ayons été	nous eussions été	
vous auriez été	vous ayez été	vous eussiez été	
ils auraient été	ils aient été	ils eussent été	

条件法 現在	接続法 現在	接続法 半過去	命令法
j' aimerais	j' aime	j' aimasse	
tu aimerais	tu aimes	tu aimasses	aime
il aimerait	il aime	il aimât	
nous aimerions	nous aimions	nous aimassions	aimons
vous aimeriez	vous aimiez	vous aimassiez	aimez
ils aimeraient	ils aiment	ils aimassent	

条件法 過去	接続法 過去	接続法 大過去	
j' aurais aimé	j' aie aimé	j' eusse aimé	
tu aurais aimé	tu aies aimé	tu eusses aimé	
il aurait aimé	il ait aimé	il eût aimé	
nous aurions aimé	nous ayons aimé	nous eussions aimé	
vous auriez aimé	vous ayez aimé	vous eussiez aimé	
ils auraient aimé	ils aient aimé	ils eussent aimé	

条件法 現在	接続法 現在	接続法 半過去	命令法
je finirais	je finisse	je finisse	
tu finirais	tu finisses	tu finisses	finis
il finirait	il finisse	il finît	
nous finirions	nous finissions	nous finissions	finissons
vous finiriez	vous finissiez	vous finissiez	finissez
ils finiraient	ils finissent	ils finissent	

条件法 過去	接続法 過去	接続法 大過去	
j' aurais fini	j' aie fini	j' eusse fini	
tu aurais fini	tu aies fini	tu eusses fini	
il aurait fini	il ait fini	il eût fini	
nous aurions fini	nous ayons fini	nous eussions fini	
vous auriez fini	vous ayez fini	vous eussiez fini	
ils auraient fini	ils aient fini	ils eussent fini	

不定法 現在分詞 過去分詞	直　　説　　法			
	現　　在	半　過　去	単純過去	単純未来
⑤ **acheter** achetant acheté	j' achète tu achètes il achète n. achetons v. achetez ils achètent	j' achetais tu achetais il achetait n. achetions v. achetiez ils achetaient	j' achetai tu achetas il acheta n. achetâmes v. achetâtes ils achetèrent	j' achèterai tu achèteras il achètera n. achèterons v. achèterez ils achèteront
⑥ **aller** allant allé	je **vais** tu **vas** il **va** n. allons v. allez ils **vont**	j' allais tu allais il allait n. allions v. alliez ils allaient	j' allai tu allas il alla n. allâmes v. allâtes ils allèrent	j' irai tu iras il ira n. irons v. irez ils iront
⑦ **appeler** appelant appelé	j' appelle tu appelles il appelle n. appelons v. appelez ils appellent	j' appelais tu appelais il appelait n. appelions v. appeliez ils appelaient	j' appelai tu appelas il appela n. appelâmes v. appelâtes ils appelèrent	j' appellerai tu appelleras il appellera n. appellerons v. appellerez ils appelleront
⑧ **asseoir** asseyant (assoyant) assis	j' assieds [asje] tu assieds il assied n. asseyons v. asseyez ils asseyent j' assois tu assois il assoit n. assoyons v. assoyez ils assoient	j' asseyais tu asseyais il asseyait n. asseyions v. asseyiez ils asseyaient j' assoyais tu assoyais il assoyait n. assoyions v. assoyiez ils assoyaient	j' assis tu assis il assit n. assîmes v. assîtes ils assirent	j' assiérai tu assiéras il assiéra n. assiérons v. assiérez ils assiéront j' assoirai tu assoiras il assoira n. assoirons v. assoirez ils assoiront
⑨ **battre** battant battu	je bats tu bats il bat n. battons v. battez ils battent	je battais tu battais il battait n. battions v. battiez ils battaient	je battis tu battis il battit n. battîmes v. battîtes ils battirent	je battrai tu battras il battra n. battrons v. battrez ils battront
⑩ **boire** buvant bu	je bois tu bois il boit n. buvons v. buvez ils boivent	je buvais tu buvais il buvait n. buvions v. buviez ils buvaient	je bus tu bus il but n. bûmes v. bûtes ils burent	je boirai tu boiras il boira n. boirons v. boirez ils boiront
⑪ **conduire** conduisant conduit	je conduis tu conduis il conduit n. conduisons v. conduisez ils conduisent	je conduisais tu conduisais il conduisait n. conduisions v. conduisiez ils conduisaient	je conduisis tu conduisis il conduisit n. conduisîmes v. conduisîtes ils conduisirent	je conduirai tu conduiras il conduira n. conduirons v. conduirez ils conduiront

条 件 法	接 続 法		命 令 法	同 型
現 在	現 在	半 過 去		
j' achèterais tu achèterais il achèterait n. achèterions v. achèteriez ils achèteraient	j' achète tu achètes il achète n. achetions v. achetiez ils achètent	j' achetasse tu achetasses il achetât n. achetassions v. achetassiez ils achetassent	achète achetons achetez	achever lever mener promener soulever
j' irais tu irais il irait n. irions v. iriez ils iraient	j' **aille** tu **ailles** il **aille** n. allions v. alliez ils **aillent**	j' allasse tu allasses il allât n. allassions v. allassiez ils allassent	**va** allons allez	
j' appellerais tu appellerais il appellerait n. appellerions v. appelleriez ils appelleraient	j' appelle tu appelles il appelle n. appelions v. appeliez ils appellent	j' appelasse tu appelasses il appelât n. appelassions v. appelassiez ils appelassent	appelle appelons appelez	jeter rappeler
j' assiérais tu assiérais il assiérait n. assiérions v. assiériez ils assiéraient	j' asseye [asεj] tu asseyes il asseye n. asseyions v. asseyiez ils asseyent	j' assisse tu assisses il assît n. assissions v. assissiez ils assissent	assieds asseyons asseyez	囲 主として代名動詞s'asseoirで使われる.
j' assoirais tu assoirais il assoirait n. assoirions v. assoiriez ils assoiraient	j' assoie tu assoies il assoie n. assoyions v. assoyiez ils assoient		assois assoyons assoyez	
je battrais tu battrais il battrait n. battrions v. battriez ils battraient	je batte tu battes il batte n. battions v. battiez ils battent	je battisse tu battisses il battît n. battissions v. battissiez ils battissent	bats battons battez	abattre combattre
je boirais tu boirais il boirait n. boirions v. boiriez ils boiraient	je boive tu boives il boive n. buvions v. buviez ils boivent	je busse tu busses il bût n. bussions v. bussiez ils bussent	bois buvons buvez	
je conduirais tu conduirais il conduirait n. conduirions v. conduiriez ils conduiraient	je conduise tu conduises il conduise n. conduisions v. conduisiez ils conduisent	je conduisisse tu conduisisses il conduisît n. conduisissions v. conduisissiez ils conduisissent	conduis conduisons conduisez	construire détruire instruire introduire produire traduire

不定法 現在分詞 過去分詞	直　　説　　法			
	現　　在	半　過　去	単純過去	単純未来
⑫ **connaître** connaissant connu	je connais tu connais il connaît n. connaissons v. connaissez ils connaissent	je connaissais tu connaissais il connaissait n. connaissions v. connaissiez ils connaissaient	je connus tu connus il connut n. connûmes v. connûtes ils connurent	je connaîtrai tu connaîtras il connaîtra n. connaîtrons v. connaîtrez ils connaîtront
⑬ **courir** courant couru	je cours tu cours il court n. courons v. courez ils courent	je courais tu courais il courait n. courions v. couriez ils couraient	je courus tu courus il courut n. courûmes v. courûtes ils coururent	je courrai tu courras il courra n. courrons v. courrez ils courront
⑭ **craindre** craignant craint	je crains tu crains il craint n. craignons v. craignez ils craignent	je craignais tu craignais il craignait n. craignions v. craigniez ils craignaient	je craignis tu craignis il craignit n. craignîmes v. craignîtes ils craignirent	je craindrai tu craindras il craindra n. craindrons v. craindrez ils craindront
⑮ **croire** croyant cru	je crois tu crois il croit n. croyons v. croyez ils croient	je croyais tu croyais il croyait n. croyions v. croyiez ils croyaient	je crus tu crus il crut n. crûmes v. crûtes ils crurent	je croirai tu croiras il croira n. croirons v. croirez ils croiront
⑯ **devoir** devant dû, due, dus, dues	je dois tu dois il doit n. devons v. devez ils doivent	je devais tu devais il devait n. devions v. deviez ils devaient	je dus tu dus il dut n. dûmes v. dûtes ils durent	je devrai tu devras il devra n. devrons v. devrez ils devront
⑰ **dire** disant dit	je dis tu dis il dit n. disons v. **dites** ils disent	je disais tu disais il disait n. disions v. disiez ils disaient	je dis tu dis il dit n. dîmes v. dîtes ils dirent	je dirai tu diras il dira n. dirons v. direz ils diront
⑱ **écrire** écrivant écrit	j' écris tu écris il écrit n. écrivons v. écrivez ils écrivent	j' écrivais tu écrivais il écrivait n. écrivions v. écriviez ils écrivaient	j' écrivis tu écrivis il écrivit n. écrivîmes v. écrivîtes ils écrivirent	j' écrirai tu écriras il écrira n. écrirons v. écrirez ils écriront
⑲ **employer** employant employé	j' emploie tu emploies il emploie n. employons v. employez ils emploient	j' employais tu employais il employait n. employions v. employiez ils employaient	j' employai tu employas il employa n. employâmes v. employâtes ils employèrent	j' emploierai tu emploieras il emploiera n. emploierons v. emploierez ils emploieront

条　件　法	接　続　法		命　令　法	同　型
現　　在	現　　在	半　過　去		
je connaîtrais tu connaîtrais il connaîtrait n. connaîtrions v. connaîtriez ils connaîtraient	je connaisse tu connaisses il connaisse n. connaissions v. connaissiez ils connaissent	je connusse tu connusses il connût n. connussions v. connussiez ils connussent	connais connaissons connaissez	apparaître disparaître paraître reconnaître
je courrais tu courrais il courrait n. courrions v. courriez ils courraient	je coure tu coures il coure n. courions v. couriez ils courent	je courusse tu courusses il courût n. courussions v. courussiez ils courussent	cours courons courez	accourir parcourir
je craindrais tu craindrais il craindrait n. craindrions v. craindriez ils craindraient	je craigne tu craignes il craigne n. craignions v. craigniez ils craignent	je craignisse tu craignisses il craignît n. craignissions v. craignissiez ils craignissent	crains craignons craignez	atteindre éteindre joindre peindre plaindre
je croirais tu croirais il croirait n. croirions v. croiriez ils croiraient	je croie tu croies il croie n. croyions v. croyiez ils croient	je crusse tu crusses il crût n. crussions v. crussiez ils crussent	crois croyons croyez	
je devrais tu devrais il devrait n. devrions v. devriez ils devraient	je doive tu doives il doive n. devions v. deviez ils doivent	je dusse tu dusses il dût n. dussions v. dussiez ils dussent		
je dirais tu dirais il dirait n. dirions v. diriez ils diraient	je dise tu dises il dise n. disions v. disiez ils disent	je disse tu disses il dît n. dissions v. dissiez ils dissent	dis disons **dites**	
j' écrirais tu écrirais il écrirait n. écririons v. écririez ils écriraient	j' écrive tu écrives il écrive n. écrivions v. écriviez ils écrivent	j' écrivisse tu écrivisses il écrivît n. écrivissions v. écrivissiez ils écrivissent	écris écrivons écrivez	décrire inscrire
j' emploierais tu emploierais il emploierait n. emploierions v. emploieriez ils emploieraient	j' emploie tu emploies il emploie n. employions v. employiez ils emploient	j' employasse tu employasses il employât n. employassions v. employassiez ils employassent	emploie employons employez	aboyer nettoyer noyer tutoyer

不定法 現在分詞 過去分詞	直　説　法			
	現　　在	半　過　去	単純過去	単純未来
⑳ **envoyer** envoyant envoyé	j' envoie tu envoies il envoie n. envoyons v. envoyez ils envoient	j' envoyais tu envoyais il envoyait n. envoyions v. envoyiez ils envoyaient	j' envoyai tu envoyas il envoya n. envoyâmes v. envoyâtes ils envoyèrent	j' enverrai tu enverras il enverra n. enverrons v. enverrez ils enverront
㉑ **faire** faisant [fəzɑ̃] fait	je fais [fɛ] tu fais il fait n. faisons [fəzɔ̃] v. fai**tes** [fɛt] ils **font**	je faisais [fəzɛ] tu faisais il faisait n. faisions v. faisiez ils faisaient	je fis tu fis il fit n. fîmes v. fîtes ils firent	je ferai tu feras il fera n. ferons v. ferez ils feront
㉒ **falloir** — fallu	il faut	il fallait	il fallut	il faudra
㉓ **fuir** fuyant fui	je fuis tu fuis il fuit n. fuyons v. fuyez ils fuient	je fuyais tu fuyais il fuyait n. fuyions v. fuyiez ils fuyaient	je fuis tu fuis il fuit n. fuîmes v. fuîtes ils fuirent	je fuirai tu fuiras il fuira n. fuirons v. fuirez ils fuiront
㉔ **lire** lisant lu	je lis tu lis il lit n. lisons v. lisez ils lisent	je lisais tu lisais il lisait n. lisions v. lisiez ils lisaient	je lus tu lus il lut n. lûmes v. lûtes ils lurent	je lirai tu liras il lira n. lirons v. lirez ils liront
㉕ **manger** mangeant mangé	je mange tu manges il mange n. mangeons v. mangez ils mangent	je mangeais tu mangeais il mangeait n. mangions v. mangiez ils mangeaient	je mangeai tu mangeas il mangea n. mangeâmes v. mangeâtes ils mangèrent	je mangerai tu mangeras il mangera n. mangerons v. mangerez ils mangeront
㉖ **mettre** mettant mis	je mets tu mets il met n. mettons v. mettez ils mettent	je mettais tu mettais il mettait n. mettions v. mettiez ils mettaient	je mis tu mis il mit n. mîmes v. mîtes ils mirent	je mettrai tu mettras il mettra n. mettrons v. mettrez ils mettront
㉗ **mourir** mourant mort	je meurs tu meurs il meurt n. mourons v. mourez ils meurent	je mourais tu mourais il mourait n. mourions v. mouriez ils mouraient	je mourus tu mourus il mourut n. mourûmes v. mourûtes ils moururent	je mourrai tu mourras il mourra n. mourrons v. mourrez ils mourront

条 件 法	接 続 法		命 令 法	同 型
現　　在	現　　在	半 過 去		
j' enverrais tu enverrais il enverrait n. enverrions v. enverriez ils enverraient	j' envoie tu envoies il envoie n. envoyions v. envoyiez ils envoient	j' envoyasse tu envoyasses il envoyât n. envoyassions v. envoyassiez ils envoyassent	envoie envoyons envoyez	renvoyer
je ferais tu ferais il ferait n. ferions v. feriez ils feraient	je fasse tu fasses il fasse n. fassions v. fassiez ils fassent	je fisse tu fisses il fît n. fissions v. fissiez ils fissent	fais faisons faites	défaire refaire satisfaire
il faudrait	il faille	il fallût		
je fuirais tu fuirais il fuirait n. fuirions v. fuiriez ils fuiraient	je fuie tu fuies il fuie n. fuyions v. fuyiez ils fuient	je fuisse tu fuisses il fuît n. fuissions v. fuissiez ils fuissent	fuis fuyons fuyez	s'enfuir
je lirais tu lirais il lirait n. lirions v. liriez ils liraient	je lise tu lises il lise n. lisions v. lisiez ils lisent	je lusse tu lusses il lût n. lussions v. lussiez ils lussent	lis lisons lisez	élire relire
je mangerais tu mangerais il mangerait n. mangerions v. mangeriez ils mangeraient	je mange tu manges il mange n. mangions v. mangiez ils mangent	je mangeasse tu mangeasses il mangeât n. mangeassions v. mangeassiez ils mangeassent	mange mangeons mangez	changer déranger nager obliger partager voyager
je mettrais tu mettrais il mettrait n. mettrions v. mettriez ils mettraient	je mette tu mettes il mette n. mettions v. mettiez ils mettent	je misse tu misses il mît n. missions v. missiez ils missent	mets mettons mettez	admettre commettre permettre promettre remettre
je mourrais tu mourrais il mourrait n. mourrions v. mourriez ils mourraient	je meure tu meures il meure n. mourions v. mouriez ils meurent	je mourusse tu mourusses il mourût n. mourussions v. mourussiez ils mourussent	meurs mourons mourez	

不定法 現在分詞 過去分詞	直　　説　　法			
	現　　在	半　過　去	単　純　過　去	単　純　未来
㉘ **naître** naissant né	je nais tu nais il naît n. naissons v. naissez ils naissent	je naissais tu naissais il naissait n. naissions v. naissiez ils naissaient	je naquis tu naquis il naquit n. naquîmes v. naquîtes ils naquirent	je naîtrai tu naîtras il naîtra n. naîtrons v. naîtrez ils naîtront
㉙ **ouvrir** ouvrant ouvert	j' ouvre tu ouvres il ouvre n. ouvrons v. ouvrez ils ouvrent	j' ouvrais tu ouvrais il ouvrait n. ouvrions v. ouvriez ils ouvraient	j' ouvris tu ouvris il ouvrit n. ouvrîmes v. ouvrîtes ils ouvrirent	j' ouvrirai tu ouvriras il ouvrira n. ouvrirons v. ouvrirez ils ouvriront
㉚ **partir** partant parti	je pars tu pars il part n. partons v. partez ils partent	je partais tu partais il partait n. partions v. partiez ils partaient	je partis tu partis il partit n. partîmes v. partîtes ils partirent	je partirai tu partiras il partira n. partirons v. partirez ils partiront
㉛ **payer** payant payé	je paie [pɛ] tu paies il paie n. payons v. payez ils paient ---- je paye [pɛj] tu payes il paye n. payons v. payez ils payent	je payais tu payais il payait n. payions v. payiez ils payaient	je payai tu payas il paya n. payâmes v. payâtes ils payèrent	je paierai tu paieras il paiera n. paierons v. paierez ils paieront ---- je payerai tu payeras il payera n. payerons v. payerez ils payeront
㉜ **placer** plaçant placé	je place tu places il place n. plaçons v. placez ils placent	je plaçais tu plaçais il plaçait n. placions v. placiez ils plaçaient	je plaçai tu plaças il plaça n. plaçâmes v. plaçâtes ils placèrent	je placerai tu placeras il placera n. placerons v. placerez ils placeront
㉝ **plaire** plaisant plu	je plais tu plais il plaît n. plaisons v. plaisez ils plaisent	je plaisais tu plaisais il plaisait n. plaisions v. plaisiez ils plaisaient	je plus tu plus il plut n. plûmes v. plûtes ils plurent	je plairai tu plairas il plaira n. plairons v. plairez ils plairont
㉞ **pleuvoir** pleuvant plu	il pleut	il pleuvait	il plut	il pleuvra

条件法	接続法		命令法	同型
現在	現在	半過去		
je naîtrais tu naîtrais il naîtrait n. naîtrions v. naîtriez ils naîtraient	je naisse tu naisses il naisse n. naissions v. naissiez ils naissent	je naquisse tu naquisses il naquît n. naquissions v. naquissiez ils naquissent	nais naissons naissez	
j' ouvrirais tu ouvrirais il ouvrirait n. ouvririons v. ouvririez ils ouvriraient	j' ouvre tu ouvres il ouvre n. ouvrions v. ouvriez ils ouvrent	j' ouvrisse tu ouvrisses il ouvrît n. ouvrissions v. ouvrissiez ils ouvrissent	ouvre ouvrons ouvrez	couvrir découvrir offrir souffrir
je partirais tu partirais il partirait n. partirions v. partiriez ils partiraient	je parte tu partes il parte n. partions v. partiez ils partent	je partisse tu partisses il partît n. partissions v. partissiez ils partissent	pars partons partez	dormir ressortir sentir servir sortir
je paierais tu paierais il paierait n. paierions v. paieriez ils paieraient	je paie tu paies il paie n. payions v. payiez ils paient	je payasse tu payasses il payât n. payassions v. payassiez ils payassent	paie payons payez	effrayer essayer
je payerais tu payerais il payerait n. payerions v. payeriez ils payeraient	je paye tu payes il paye n. payions v. payiez ils payent		paye payons payez	
je placerais tu placerais il placerait n. placerions v. placeriez ils placeraient	je place tu places il place n. placions v. placiez ils placent	je plaçasse tu plaçasses il plaçât n. plaçassions v. plaçassiez ils plaçassent	place plaçons placez	annoncer avancer commencer forcer lancer prononcer
je plairais tu plairais il plairait n. plairions v. plairiez ils plairaient	je plaise tu plaises il plaise n. plaisions v. plaisiez ils plaisent	je plusse tu plusses il plût n. plussions v. plussiez ils plussent	plais plaisons plaisez	complaire déplaire (se) taire 注 過去分詞 plu は不変
il pleuvrait	il pleuve	il plût		

不定法 現在分詞 過去分詞	直 説 法			
	現　　在	半　過　去	単　純　過　去	単純未来
㉟ **pouvoir** pouvant pu	je peux (puis) tu peux il peut n. pouvons v. pouvez ils peuvent	je pouvais tu pouvais il pouvait n. pouvions v. pouviez ils pouvaient	je pus tu pus il put n. pûmes v. pûtes ils purent	je pourrai tu pourras il pourra n. pourrons v. pourrez ils pourront
㊱ **préférer** préférant préféré	je préfère tu préfères il préfère n. préférons v. préférez ils préfèrent	je préférais tu préférais il préférait n. préférions v. préfériez ils préféraient	je préférai tu préféras il préféra n. préférâmes v. préférâtes ils préférèrent	je préférerai tu préféreras il préférera n. préférerons v. préférerez ils préféreront
㊲ **prendre** prenant pris	je prends tu prends il prend n. prenons v. prenez ils prennent	je prenais tu prenais il prenait n. prenions v. preniez ils prenaient	je pris tu pris il prit n. prîmes v. prîtes ils prirent	je prendrai tu prendras il prendra n. prendrons v. prendrez ils prendront
㊳ **recevoir** recevant reçu	je reçois tu reçois il reçoit n. recevons v. recevez ils reçoivent	je recevais tu recevais il recevait n. recevions v. receviez ils recevaient	je reçus tu reçus il reçut n. reçûmes v. reçûtes ils reçurent	je recevrai tu recevras il recevra n. recevrons v. recevrez ils recevront
㊴ **rendre** rendant rendu	je rends tu rends il rend n. rendons v. rendez ils rendent	je rendais tu rendais il rendait n. rendions v. rendiez ils rendaient	je rendis tu rendis il rendit n. rendîmes v. rendîtes ils rendirent	je rendrai tu rendras il rendra n. rendrons v. rendrez ils rendront
㊵ **résoudre** résolvant résolu	je résous tu résous il résout n. résolvons v. résolvez ils résolvent	je résolvais tu résolvais il résolvait n. résolvions v. résolviez ils résolvaient	je résolus tu résolus il résolut n. résolûmes v. résolûtes ils résolurent	je résoudrai tu résoudras il résoudra n. résoudrons v. résoudrez ils résoudront
㊶ **rire** riant ri	je ris tu ris il rit n. rions v. riez ils rient	je riais tu riais il riait n. riions v. riiez ils riaient	je ris tu ris il rit n. rîmes v. rîtes ils rirent	je rirai tu riras il rira n. rirons v. rirez ils riront
㊷ **savoir** sachant su	je sais tu sais il sait n. savons v. savez ils savent	je savais tu savais il savait n. savions v. saviez ils savaient	je sus tu sus il sut n. sûmes v. sûtes ils surent	je saurai tu sauras il saura n. saurons v. saurez ils sauront

条　件　法	接　続　法		命　令　法	同　型
現　　在	現　　在	半　過　去		
je pourrais tu pourrais il pourrait n. pourrions v. pourriez ils pourraient	je puisse tu puisses il puisse n. puissions v. puissiez ils puissent	je pusse tu pusses il pût n. pussions v. pussiez ils pussent		
je préférerais tu préférerais il préférerait n. préférerions v. préféreriez ils préféreraient	je préfère tu préfères il préfère n. préférions v. préfériez ils préfèrent	je préférasse tu préférasses il préférât n. préférassions v. préférassiez ils préférassent	préfère préférons préférez	céder considérer espérer pénétrer posséder répéter
je prendrais tu prendrais il prendrait n. prendrions v. prendriez ils prendraient	je prenne tu prennes il prenne n. prenions v. preniez ils prennent	je prisse tu prisses il prît n. prissions v. prissiez ils prissent	prends prenons prenez	apprendre comprendre entreprendre reprendre surprendre
je recevrais tu recevrais il recevrait n. recevrions v. recevriez ils recevraient	je reçoive tu reçoives il reçoive n. recevions v. receviez ils reçoivent	je reçusse tu reçusses il reçût n. reçussions v. reçussiez ils reçussent	reçois recevons recevez	apercevoir concevoir décevoir
je rendrais tu rendrais il rendrait n. rendrions v. rendriez ils rendraient	je rende tu rendes il rende n. rendions v. rendiez ils rendent	je rendisse tu rendisses il rendît n. rendissions v. rendissiez ils rendissent	rends rendons rendez	attendre descendre entendre perdre répondre vendre
je résoudrais tu résoudrais il résoudrait n. résoudrions v. résoudriez ils résoudraient	je résolve tu résolves il résolve n. résolvions v. résolviez ils résolvent	je résolusse tu résolusses il résolût n. résolussions v. résolussiez ils résolussent	résous résolvons résolvez	
je rirais tu rirais il rirait n. ririons v. ririez ils riraient	je rie tu ries il rie n. riions v. riiez ils rient	je risse tu risses il rît n. rissions v. rissiez ils rissent	ris rions riez	sourire 注 過去分詞 ri は不変
je saurais tu saurais il saurait n. saurions v. sauriez ils sauraient	je sache tu saches il sache n. sachions v. sachiez ils sachent	je susse tu susses il sût n. sussions v. sussiez ils sussent	sache sachons sachez	

不定法 現在分詞 過去分詞	直　　説　　法			
	現　　在	半　過　去	単純過去	単純未来
㊸ **suffire** suffisant suffi	je suffis tu suffis il suffit n. suffisons v. suffisez ils suffisent	je suffisais tu suffisais il suffisait n. suffisions v. suffisiez ils suffisaient	je suffis tu suffis il suffit n. suffîmes v. suffîtes ils suffirent	je suffirai tu suffiras il suffira n. suffirons v. suffirez ils suffiront
㊹ **suivre** suivant suivi	je suis tu suis il suit n. suivons v. suivez ils suivent	je suivais tu suivais il suivait n. suivions v. suiviez ils suivaient	je suivis tu suivis il suivit n. suivîmes v. suivîtes ils suivirent	je suivrai tu suivras il suivra n. suivrons v. suivrez ils suivront
㊺ **vaincre** vainquant vaincu	je vaincs tu vaincs il vainc n. vainquons v. vainquez ils vainquent	je vainquais tu vainquais il vainquait n. vainquions v. vainquiez ils vainquaient	je vainquis tu vainquis il vainquit n. vainquîmes v. vainquîtes ils vainquirent	je vaincrai tu vaincras il vaincra n. vaincrons v. vaincrez ils vaincront
㊻ **valoir** valant valu	je vaux tu vaux il vaut n. valons v. valez ils valent	je valais tu valais il valait n. valions v. valiez ils valaient	je valus tu valus il valut n. valûmes v. valûtes ils valurent	je vaudrai tu vaudras il vaudra n. vaudrons v. vaudrez ils vaudront
㊼ **venir** venant venu	je viens tu viens il vient n. venons v. venez ils viennent	je venais tu venais il venait n. venions v. veniez ils venaient	je vins tu vins il vint n. vînmes v. vîntes ils vinrent	je viendrai tu viendras il viendra n. viendrons v. viendrez ils viendront
㊽ **vivre** vivant vécu	je vis tu vis il vit n. vivons v. vivez ils vivent	je vivais tu vivais il vivait n. vivions v. viviez ils vivaient	je vécus tu vécus il vécut n. vécûmes v. vécûtes ils vécurent	je vivrai tu vivras il vivra n. vivrons v. vivrez ils vivront
㊾ **voir** voyant vu	je vois tu vois il voit n. voyons v. voyez ils voient	je voyais tu voyais il voyait n. voyions v. voyiez ils voyaient	je vis tu vis il vit n. vîmes v. vîtes ils virent	je verrai tu verras il verra n. verrons v. verrez ils verront
㊿ **vouloir** voulant voulu	je veux tu veux il veut n. voulons v. voulez ils veulent	je voulais tu voulais il voulait n. voulions v. vouliez ils voulaient	je voulus tu voulus il voulut n. voulûmes v. voulûtes ils voulurent	je voudrai tu voudras il voudra n. voudrons v. voudrez ils voudront

条 件 法	接 続 法		命 令 法	同 型
現 在	現 在	半 過 去		
je suffirais tu suffirais il suffirait n. suffirions v. suffiriez ils suffiraient	je suffise tu suffises il suffise n. suffisions v. suffisiez ils suffisent	je suffisse tu suffisses il suffît n. suffissions v. suffissiez ils suffissent	suffis suffisons suffisez	闰 過去分詞 suffi は不変
je suivrais tu suivrais il suivrait n. suivrions v. suivriez ils suivraient	je suive tu suives il suive n. suivions v. suiviez ils suivent	je suivisse tu suivisses il suivît n. suivissions v. suivissiez ils suivissent	suis suivons suivez	poursuivre
je vaincrais tu vaincrais il vaincrait n. vaincrions v. vaincriez ils vaincraient	je vainque tu vainques il vainque n. vainquions v. vainquiez ils vainquent	je vainquisse tu vainquisses il vainquît n. vainquissions v. vainquissiez ils vainquissent	vaincs vainquons vainquez	convaincre
je vaudrais tu vaudrais il vaudrait n. vaudrions v. vaudriez ils vaudraient	je vaille tu vailles il vaille n. valions v. valiez ils vaillent	je valusse tu valusses il valût n. valussions v. valussiez ils valussent		
je viendrais tu viendrais il viendrait n. viendrions v. viendriez ils viendraient	je vienne tu viennes il vienne n. venions v. veniez ils viennent	je vinsse tu vinsses il vînt n. vinssions v. vinssiez ils vinssent	viens venons venez	appartenir devenir obtenir revenir (se) souvenir tenir
je vivrais tu vivrais il vivrait n. vivrions v. vivriez ils vivraient	je vive tu vives il vive n. vivions v. viviez ils vivent	je vécusse tu vécusses il vécût n. vécussions v. vécussiez ils vécussent	vis vivons vivez	survivre
je verrais tu verrais il verrait n. verrions v. verriez ils verraient	je voie tu voies il voie n. voyions v. voyiez ils voient	je visse tu visses il vît n. vissions v. vissiez ils vissent	vois voyons voyez	entrevoir revoir
je voudrais tu voudrais il voudrait n. voudrions v. voudriez ils voudraient	je veuille tu veuilles il veuille n. voulions v. vouliez ils veuillent	je voulusse tu voulusses il voulût n. voulussions v. voulussiez ils voulussent	veuille veuillons veuillez	

◆ 動詞変化に関する注意

不 定 法
-er
-ir
-re
-oir

現在分詞
-ant

		直説法現在		直・半過去	直・単純未来	条・現在
je	**-e**	**-s**	**-ais**	**-rai**	**-rais**
tu	**-es**	**-s**	**-ais**	**-ras**	**-rais**
il	**-e**	**-t**	**-ait**	**-ra**	**-rait**
nous	**-ons**		**-ions**	**-rons**	**-rions**
vous	**-ez**		**-iez**	**-rez**	**-riez**
ils	**-ent**		**-aient**	**-ront**	**-raient**

	直・単純過去			接・現在	接・半過去	命 令 法	
je	**-ai**	**-is**	**-us**	**-e**	**-sse**		
tu	**-as**	**-is**	**-us**	**-es**	**-sses**	**-e**	**-s**
il	**-a**	**-it**	**-ut**	**-e**	**-̂t**		
nous	**-âmes**	**-îmes**	**-ûmes**	**-ions**	**-ssions**	**-ons**	
vous	**-âtes**	**-îtes**	**-ûtes**	**-iez**	**-ssiez**	**-ez**	
ils	**-èrent**	**-irent**	**-urent**	**-ent**	**-ssent**		

〔複合時制〕

直　説　法	条　件　法
複合過去（助動詞の直・現在＋過去分詞）	過　去（助動詞の条・現在＋過去分詞）
大　過　去（助動詞の直・半過去＋過去分詞）	接　続　法
前　過　去（助動詞の直・単純過去＋過去分詞）	過　去（助動詞の接・現在＋過去分詞）
前　未　来（助動詞の直・単純未来＋過去分詞）	大過去（助動詞の接・半過去＋過去分詞）

* **現在分詞**は，通常，直説法・現在 1 人称複数の語尾 -ons を -ant に変えて作ることができる. (nous connaissons → connaissant)
* **直説法・半過去**の 1 人称単数は，通常，直説法・現在 1 人称複数の語尾 -ons を -ais に変えて作ることができる. (nous buvons → je buvais)
* **直説法・単純未来**と**条件法・現在**は，通常，不定法から作ることができる.
  （単純未来： aimer → j'aimerai　　finir → je finirai　　écrire → j'écrirai）
  　　ただし，-oir 型動詞の語幹は不規則. (pouvoir → je pourrai　　savoir → je saurai)
* **接続法・現在**の 1 人称単数は，通常，直説法・現在 3 人称複数の語尾 -ent を -e に変えて作ることができる. (ils finissent → je finisse)
* **命令法**は，直説法・現在の 2 人称単数，1 人称複数，2 人称複数から，それぞれの主語 tu, nous, vous を取って作ることができる. （ただし，tu -es → -e　　tu vas → va）
  　　avoir, être, savoir, vouloir の命令法は接続法・現在から作る.